Mama Odessa

Vom selben Autor

Wenn ich einmal reich und tot bin
Die Tempojahre
Land der Väter und Verräter
Harlem Holocaust
Die Tochter
Kühltransport
Deutschbuch
Esra
Bernsteintage
Moralische Geschichten
Menschen in falschen Zusammenhängen
Liebe heute
Der gebrauchte Jude
Kanalratten
Im Kopf von Bruno Schulz
Biografie
Hundert Zeilen Hass
Sechs Koffer
Literatur und Politik
Sieben Versuche zu lieben
Wer nichts glaubt, schreibt
Der falsche Gruß

Maxim Biller

Mama Odessa

Roman

Kiepenheuer & Witsch

»Nur wer tragisch endet, ist wirklich ein Poet.«

Wladimir Wyssozki

1.

Im Mai 1987 – ich war erst sechsundzwanzig Jahre alt – schrieb mir meine Mutter auf einer alten russischen Schreibmaschine einen Brief, den sie nie abschickte. Es ging gleich damit los, wie faul sie gerade sei, wie sehr sie sich mal wieder dafür schämte, dass sie tagelang auf der riesigen roten Rolf-Benz-Couch im Wohnzimmer herumlag, die sie noch mit meinem Vater gekauft hatte, und pausenlos ihre langen, dünnen *Kim*-Zigaretten rauchte. Wie sie in der Küche Patiencen legte und noch mehr rauchte. Oder wie sie rauchend am Fenster im Wohnzimmer stand und die jungen, gerade sprießenden Blätter an den eben noch kahlen schwarzen Ästen der Linden vor unserem Haus in der Bieberstraße anguckte.

Danach kamen ein paar kurze, böse Gedanken über die Menschen im Westen, die immer so tun mussten, als ob sie sehr beschäftigt wären. So wie ihre »nervige« Nachbarin aus dem Erdgeschoss – »Ich kann mir ihren idiotischen Adligennamen bis heute nicht merken!« –, die ihr neulich erzählt habe, wie schlecht sie sich fühlte, wenn sie einen Tag lang nichts anderes machte, als Krimis zu lesen. Und dann überfiel sie mich, der diesen Brief erst dreißig Jahre später, erst nach ihrem scheußlichen, einsamen Tod lesen sollte, mit ihrer Wut und ihrer Traurigkeit, von der ich nie etwas gewusst habe. Oder vielleicht doch? Es ging um ihren Vater, meinen Großvater, der Mitte der siebziger Jahre in Odessa verhaftet wurde, weil er mit zwei Freunden eine geheime Ausstellung antisowjetischer Kunst im Keller der Kunstakademie organisiert hatte, im Gefängnis einen Herzinfarkt kriegte, später zu Hause noch einen, dann noch einen, und dann war es vorbei.

»Bis heute quält mich mein schlechtes Gewissen, *synok,* und so wird es bis zum Ende meines Lebens sein, dass ich nicht zu Papa vor seinem Tod nach Odessa geflogen bin, dass ich nicht bei ihm war und ihn nicht begraben habe«, schrieb mir meine Mutter. »Hätte ich gewusst, dass diese schrecklichen Gefühle ein Leben lang wiederkommen werden, wäre ich damals natürlich zu ihm gefahren und hätte ihm den Handrücken gestreichelt, so wie er es früher immer bei mir machte, wenn ich keine Lust mehr auf nichts hatte.«

Dazu muss man wissen, dass wir – meine Mutter, mein Vater und ich – lange vor den meisten anderen Juden Anfang der siebziger Jahre die Sowjetunion verlassen hatten. Mein Vater hatte mit seinen langatmigen Studien über die Geschichte des russischen Zionismus, die nur im Samisdat erschienen, und mit seinem völlig ernst gemeinten Plan, uns mit einem entführten Aeroflot-Flugzeug aus Odessa nach Tel Aviv rauszufliegen, schon immer zu den eifrigsten Refuseniks aus der Gruppe um den neuen Moses Nathan Scharanskij gehört. Das war das eine. Das andere war, dass keiner von uns dreien nach unserer von Henry Kissinger persönlich ausgehandelten Ausreise 1971 jemals wieder einen Fuß auf sowjetischen Boden setzen durfte. »Wen die ewigen Kommissare noch einmal zu fassen kriegten, den würden sie nie wieder gehen lassen«, sagte mein Vater oft.

Und trotzdem wäre meine Mutter zurückgefahren?, fragte ich mich immer wieder beim Lesen des Briefs, der so lange adressiert und frankiert in einer der Schubladen ihres Schlafzimmersekretärs herumgelegen hatte. War ich ihr so egal? Wäre es ihr wirklich wichtiger gewesen, noch einmal ihrem sterbenden Vater in die verlöschenden Augen gesehen zu haben, statt ein ganzes, vor mir liegendes Leben lang in meine Augen zu schauen? »Übrigens«, hatte sie mit der Hand unter den maschinengeschriebenen Brief gekritzelt, »überlege ich schon lange, ob ich dieses scheußliche riesige Möbelstück, auf dem ich hier gerade liege und dir schreibe, endlich wegwerfen und mir etwas schönes Neues fürs Wohnzimmer kaufen soll. Ich bin sicher, dein Vater hat hier immer mit seiner deutschen Nutte gelegen, wenn ich nicht da war.«

Konnte es sein, dachte ich plötzlich, dass ich inzwischen auch so ein verwirrter, trauriger Erwachsener war wie meine Eltern? Denn jetzt war ich es, der in Hamburg, in der Bieberstraße, auf dem fünfzig Jahre alten roten, noch immer ziemlich festen und fast wie neu strahlenden Sofa saß und die typischen Katschmorian-Gefühle hatte, wie meine Mutter das nannte, auch aus eigener Erfahrung. Was sie damit meinte? Mein schöner, fröhlicher armenischer Großvater hieß Katschmorian – Jaakow Gaikowitsch –, und obwohl er es sich nach Mamas Worten nie anmerken ließ, dachte er genauso oft an Selbstmord wie andere Leute an Liebe und Essen. Oder vielleicht sogar noch öfter.

2.

Das erste Mal las mir meine Mutter eine von ihren Erzählungen am Telefon vor – sie war in Hamburg, ich schon ein paar Jahre in München. Ich hatte gerade meine erste richtige Erwachsenenwohnung gefunden, zwei Zimmer unterm Dach, im Winter zu kalt, im Sommer zu heiß, aber wenigstens keine furchteinflößenden WG-Fremden mehr, mit denen ich das Badezimmer, die Küche und alle möglichen Stimmungen und Katastrophen teilen musste. An einem hellen Sommervormittag stand ich dort am Fenster, guckte auf den riesigen schwarzen Block des Nordbads mit der noch leeren, im Morgentau schimmernden Wiese davor und hielt das Telefon zwischen Kopf und Schulter, weil ich gleichzeitig versuchte, einen kleinen Atomkraft-Nein-Danke-Aufkleber von der Glasscheibe zu kratzen, den ich bei der Wohnungsübergabe nicht bemerkt hatte.

»Wie geht es dir, mein Junge?«, hatte meine Mutter freundlich gesagt, als ich – noch im Pyjama – ein paar Minuten vorher schlecht gelaunt abgenommen hatte. Danach fiel sie sich selbst ungewöhnlich hart und unfreundlich ins Wort. »Aber bitte erzähl mir jetzt nicht wieder von deinen Problemen und deinen

Mädchen! Du weißt, dass ich dann tagelang nur noch über dich nachdenke und mir Sorgen mache.«

Ich machte stumm ein genervtes Gesicht wie ein Sechzehnjähriger.

»Na gut«, sagte sie, »was ist los?«

»Nichts«, sagte ich, »gar nichts. Ich bin einfach zu spät, ich müsste schon längst arbeiten.«

»Das war toll, was du über Cynthia Ozick geschrieben hast, ich hab mir gleich fünf oder sechs Spiegel-Hefte gekauft und sie an die ganzen dummen Weiber bei uns im Haus verteilt. Sollen sie vor Neid platzen!«

»Was soll das, Mama? Ich bin nicht mehr acht. Du musst nicht mit mir angeben.«

»Ja, leider.«

»Weißt du noch, wie ich in Odessa wie alle anderen Kinder in meiner Klasse für den Frauentag fotografiert wurde?«

»Ich hab die Karte noch irgendwo.«

»Sie haben das Foto von jedem von uns in eine Zeichnung von einem Blumenstrauß reingeklebt. Und darüber stand in so einer blöden geschwungenen Schrift: *Internationaler Tag der Frau 1968* und *Herzlichen Glückwunsch, Mama!*«

»Du hast auf dem Bild so böse geguckt, als wärst du sauer auf mich, dass ich dich überhaupt geboren habe.«

»Aber nein, Mama.«

»Bist du sicher?«, sagte meine Mutter mit ihrem schönen, schrecklichen, explosionsartigen Lachen. Und dann fragte sie mich, ob ich Lust hätte, mir eine Geschichte anzuhören, die sie gestern im Wartezimmer von Dr. Felosof, unserem alten Hausarzt, schnell runtergeschrieben hatte.

»Sie heißt *Der Kompass*«, sagte sie, »und ich musste beim Schreiben ein paar Mal fast weinen.«

3.

Sie lagen in Karagul, siebzig Kilometer westlich des Kirgisischen Gebirges, in ihren Betten und hörten im Radio, dass Hitler wie ein Hund in Berlin umgekommen war und viele Soldaten bald wieder nach Hause kommen würden. Dann hörten sie im Radio auch noch Salutschüsse, die direkt vom Roten Platz kamen, und gleichzeitig das Klappern von Pferdehufen im Hof. Ela wusste sofort, dass es Papa war. Er war auf einem riesigen jungen Schimmel in den Krieg gezogen, und als sie aus dem Fenster schaute, erkannte sie gleich seine hohe, schmale Gestalt auf dem Rücken des Pferdes. Aber dann fiel ihr auf, dass der Schimmel nur noch Haut und Knochen war und weiß wie ein Greis. Das machte sie sehr traurig.

Am Abend – nachdem Papa gebadet und sich mit Mamulja für zwei Stunden in der Küche eingeschlossen hatte, wo die Schlafcouch der Erwachsenen stand – packte er die Geschenke aus, die er ihnen aus Deutschland mitgebracht hatte. Mamulja bekam eine goldene Herrenuhr von Omega oder Doxa, das wusste Ela später nicht mehr, weil sie sie schon bald auf dem Schwarzmarkt von Karagul verkaufen mussten, sehr viel feine, weiße Unterwäsche, einen Fleischwolf, der noch ganz neu war und glänzte, eine ganze Garnitur Silberbe-

steck mit Suppenkelle und Tortenheber, und eine kleine Holzkiste, die bis zum Rand voll war mit papierdünnen, hellen Schokoladenplättchen. Ela bekam nur einen alten Kompass aus Silber, der überall dunkel angelaufen war und sich viel zu glatt und abgegriffen anfühlte. Natürlich war sie mit ihrem Geschenk nicht zufrieden. Sie hatte gehofft, dass Papa ihr Spielzeuge, Farbstifte und ein ähnliches kurzes blaues Kleid aus Seide mitbringen würde, wie sie es einmal auf einem alten deutschen oder holländischen Bild in Odessa im Museum gesehen hatte.

Als Papa bemerkte, wie unzufrieden Ela war, sagte er zu ihr: »Komm auf meinen Schoß, Ela-Dschan, ich verrate dir, warum dieser Kompass mehr wert ist als hundert Dosen Kaviar und dreitausend Schokoladentorten.« Obwohl sie zuerst trotzig auf ihrem Küchenstuhl sitzen blieb, erzählte er ihr dann trotzdem, wie er kurz vor Berlin alle seine Kameraden und sogar sein Pferd verloren hatte. Sie waren nachts in einen Wald gekommen, wo sie ein paar Stunden schlafen wollten. Als er aufwachte, war er allein. Der Wald war sehr groß, und obwohl Papa sich sonst in jeder fremden Stadt und Landschaft gut zurecht fand, fand er nicht mehr hinaus. Er war drei oder vier Tage in dem Wald, aber es kam ihm so vor, als wären es noch viel mehr Nächte gewesen. Er wollte schon aufgeben und einfach liegen bleiben, als eines Morgens – er hatte in einem tiefen, feuchten Erdloch übernachtet – plötzlich ein schlafender deutscher Sol-

dat neben ihm lag. Er hatte ein eingefallenes, fast weißes Gesicht, eine zerrissene Uniform und riesige weiße, lustige Ohren. Papa wollte ihn gerade mit den bloßen Händen erwürgen, als der Deutsche die Augen öffnete und sagte: »Bitte nicht, ich will nicht sterben! Darum verstecke ich mich doch hier, so lange, bis der Krieg aus ist.« Dann fragte er Papa, ob er sich auch vor dem Krieg versteckte. Als Papa sagte, dass er sich verirrt hatte und zu seinen Kameraden und seinem Pferd zurück wollte, um mit ihnen Berlin zu erobern, lächelte der Deutsche glücklich. Er zog aus seinem alten, grünen Armeerucksack den Kompass, den Papa eben Ela geschenkt hatte. »Hier«, sagte er zu Papa, »den brauche ich nicht mehr. Aber dir hilft er, hier rauszukommen. Danke, dass ihr für uns euer Leben riskiert! Kommt bitte nie vom richtigen Weg ab.«

Ela, die inzwischen auf Papas Schoß saß, lächelte und sah ihn erwartungsvoll an. »Wenn du so alt sein wirst wie ich«, sagte Papa, »und dich plötzlich nicht mehr im Leben zurechtfindest, musst du nur auf diesen Kompass schauen, und alles wird gut.« Da schüttelte die kleine Ela traurig den Kopf, als wüsste sie, dass ihr später im Leben Papas Kompass nur selten helfen würde.

4.

Den Kompass aus der Geschichte meiner Mutter gab es wirklich – er gehörte erst einem Wehrmachtssoldaten, dann meinem Großvater, dann meiner Mutter. Später schenkte sie ihn mir, aber ich kann ihn seit Jahren nicht wiederfinden. Die kleine Ela war natürlich sie selbst, die in Wahrheit sehr russisch Aljona und manchmal auch Aljonuschka hieß. Und es gab auch den herrlichen großen Schimmel, auf dem mein Großvater im Krieg war. Das hatte sie mir oft erzählt, und bestimmt war auch sonst in der Geschichte nichts erfunden, denn erfinden konnte meine Mutter beim Schreiben nie – nur ab und zu dabei etwas verschweigen. Zum Beispiel ihre seltenen, dafür umso wüsteren Wutanfälle, wenn sie es gar nicht mehr schaffte, etwas Unangenehmes zu ignorieren, oder die vielen Geliebten ihres leichtsinnigen und melancholischen Vaters, des schönen Jaakow Gaikowitsch Katschmorian. Oder auch ihr merkwürdiges Verhältnis zu Lassik Stein, einem der ältesten Freunde meines Vaters, wegen dem wir nicht in Tel Aviv oder Beerschewa gelandet waren, sondern in Hamburg.

Lassik Stein – Slawist, Journalist und Autor von angeblich mehr als tausend Aphorismen – war klein, k und sehr gebildet. Wann immer wir ihn in unseren ersten Jahren in Hamburg in seiner großen, hellen Eckwohnung im Abendrothsweg in Eppendorf besuchten, saß er in einem blauen Trainingsanzug in der Küche und aß den Borschtsch oder die dicke grüne Gemüsesuppe, die er für sich gekocht hatte. Wir aßen meistens mit, und wenn wir fertig waren und die weiße Tischdecke mit Dutzenden dunkelroter oder grüner Flecken übersät war, zogen wir ins viel größere Eck- und Wohnzimmer um, wo ich auf Lassiks Farbfernseher ohne Ton Fußball und Raumschiff Enterprise gucken durfte.

Die Erwachsenen unterhielten sich währenddessen über Lassiks großes Lebensthema: das Massaker vom Tolbuchinplatz in Odessa, das »kleine Babi Jar«, wie Lassik es nannte, und über seinen Kampf für ein Denkmal, auf dem alle Namen der fünfundzwanzigtausend toten Juden stehen sollten, die dort von den Deutschen und Rumänen in einer einzigen Nacht wie Zunder angesteckt wurden. Und es ging jedes Mal auch um die fünf Jahre Lager, die Lassik zur Strafe für seinen Mut von den Kommunisten bekommen hatte. Zu Hause fragte ich meine Eltern, ob Lassik auch schon davor so viel gegessen hatte und so dick war. Während meine Mutter stumm, aber lächelnd wegsah, sagte mein Vater: »Lassik hat gesehen, wie diese Tiere das Fleisch der anderen Häftlinge aßen, die vor ihren Augen erfroren waren. Damals wäre er lieber verhungert.«

Dass Lassik auch immer sehr großen Appetit auf Frauen hatte, wusste ich natürlich – obwohl ich noch auf dem langen Sprung vom Kind zum Erwachsenen war –, das wusste fast jeder russische Emigrant zwischen Hamburg, Brighton Beach und Haifa. Und dass er es trotz seines riesigen Bauchs, seiner knapp 160 Zentimeter Körpergröße – oder waren es noch weniger? – und seines meist fettig glänzenden, alten Engelsgesichts immer wieder schaffte, mehrere Freundinnen gleichzeitig zu haben, war in unserer Küche oft ein Thema, bei dem wir viel lachten. Als meine Mutter eines Tages sagte, sie würde nicht mehr zu Lassik mitkommen, weil er sie bei unserem letzten Besuch heimlich gefragt hatte, ob sie sich mit ihm auf eine »kleine Mesalliance« einlassen wollte, wie er es nannte, lachte mein Vater besonders laut. Danach ging er immer allein in den Abendrothsweg, also auch ohne mich, und kam meistens spät und sogar ein bisschen betrunken nach Hause.

In einem der Briefe, die ich später im Sekretär meiner Mutter gefunden hatte, erwähnte sie nur ein einziges Mal die Geschichte mit Lassik Stein. Hier klang die ganze Sache anders und viel interessanter. Eigentlich ging es in dem Brief um mich, denn ich hatte offenbar meiner warmen, aber fernen Mutter mal wieder etwas über eine von diesen jungen Münchener Frauen erzählt, die mich liebten und nicht wollten. »Ich habe noch mal über alles nachgedacht, was du vorhin am Telefon gesagt hast«, hatte sie mir auf Russisch geschrieben, »und ich habe dich gleich wieder angerufen. Aber dann war bei dir schon besetzt, mein Junge, wahrscheinlich hast du gerade mit einem der Mädchen gesprochen. Was ich dir jetzt schreibe, darfst du nie deinem Vater erzählen! Als ich selbst so jung war, war ich in einen Jungen an der Universität verliebt, der lange Haare hatte, Gedichte so lang wie Romane schrieb und linientreuen Professoren beim Sprechen nicht ins Gesicht sah. Aber wenn er mit mir schlafen wollte, erschrak ich, als wäre er eine wilde Bestie, die mich in tausend Stücke reißen wollte. Dann beleidigte ich ihn wie ein Straßenmädchen! Bei deinem Vater, der über etwas hundertmal nachdenkt, bevor er es tut, habe ich diese Angst nie, verstehst du. Er regt sich nie über etwas auf, er bleibt sogar ruhig, wenn ihn ein Deutscher im Supermarkt oder auf dem Ausländeramt beleidigt. Wie hätte er uns auch sonst aus Russland rausbringen sollen? Er hat ja damals sogar so getan, als hätte er nichts gehört, als ich euch von Lassiks Frechheiten erzählt habe, weil er natürlich wusste, dass Lassik auch einer von diesen Jungen mit den langen Haaren und langen Gedichten war, gegen die er früher keine Chance hatte.« Danach kamen ein paar durchgeixte Zeilen, und dann stand dort nur noch ein einziger, rätselhafter Satz: »Trotzdem wünsche ich mir heute den jungen Dichter aus der Universität zurück, jemanden wie dich oder Lassik!«

Natürlich hatte meine Mutter diesen Brief geschrieben, bevor sie die Sache mit meinem Vater und seiner neuen deutschen Freundin herausfand. Und obwohl sie ihn nie abschickte, machte mich jetzt ihr Geständnis sehr glücklich. Das war ihre Art, mir ihre Liebe zu zeigen.

5.

Mama wurde als Schriftstellerin geboren, aber sie wurde es zu spät, um wirklich eine zu werden. Schon als Kind liebte sie Bücher, so wie jeder in Russland. Sie konnte mit fünf Jahren lesen und schreiben, und angeblich erzählte sie fast jeden Tag ihren Eltern – meinen Großeltern –, dass sie später selbst auch Bücher schreiben wollte. Als die drei im August 1941 vor den Deutschen und den Rumänen aus Odessa fliehen mussten – die Menschen liefen verwirrt durch die Straßen, aus den Lautsprechern kamen Marschmusik und immer wieder Stalins berühmte Durchhalterede –, verschlossen ihre Mutter und ihr Vater die ganze Familienbibliothek in zwei großen Kisten, die mein Großvater allein zum Bahnhof trug, von wo ein paar letzte Züge nach Asien gingen. Ihre kleine Tochter Aljona sollte auch noch in der letzten Kirgisenhütte und im schmutzigsten Mongolenzelt genug zu lesen haben. In Karagul, wo sie eine schöne, einfache Zweizimmerwohnung in einer alten Militärbaracke bekamen, packten sie als Erstes die Bücherkiste aus, und Mama küsste jedes einzelne Buch, das meine Großmutter rauszog: die einunddreißig gelben Bände der Maupassant-Gesamtausgabe, die unendlich vielen dunkelgrünen Tolstoi-Bände, die dicken blauen Puschkin-Bände, das Dschungelbuch und ihren Lieblings-Katajew, den mit dem weißen Segelboot vor der Ansicht ihrer Heimatstadt Odessa auf dem Umschlag.

Was passierte aber eineinhalb Jahre später, in den großen Sommerferien? Die kleine Aljona, jetzt schon fast fünfzehn, machte in der leeren Scheune hinter ihrer Baracke eine richtige Bibliothek mit ihren eigenen Büchern und den Büchern ihrer Eltern auf. Sie hatte sich sogar eigene Ausleihkarten gebastelt und auf dem Markt von Karagul einen alten *Erledigt*-Stempel besorgt, der wahrscheinlich noch aus der Zarenzeit stammte. Die Kinder aus der Militärsiedlung, die in den nächsten Tagen und Wochen zu ihr kamen und sich bei ihr Bücher ausliehen, brachten sie nie zurück, natürlich nicht, und das war genau das, was sie wollte. Als ihre Mutter sie am Ende der Sommerferien fragte, was aus der Familienbibliothek geworden sei, antwortete sie streng: »Die gibt es nicht mehr. In solchen Zeiten muss man nicht lesen, es gibt Wichtigeres!« Und noch bevor die Mutter ihr eine Ohrfeige geben konnte, sagte ihr Vater: »Lass sie, es könnte sogar sein, dass sie recht hat.« Das alles weiß ich aus einer anderen von Mamas Erzählungen, sie nannte sie *Das Ende der Literatur in der Stadt Karagul,* aber ich hätte *Die Bibliothek* besser gefunden, klarer und nicht so russisch-pathetisch.

Auf dem Cover des ersten und einzigen Buchs meiner Mutter – es heißt natürlich *Der Kompass* –

ist ein Foto von ihr aus den frühen fünfziger Jahren. Sie sieht jung, intelligent und völlig unschuldig aus. Ihre schwarzen, lockigen Haare gehen ihr bis zu den Schultern, sie lächelt und formt trotz ihrer Unschuld fast unsichtbar, aber unanständig die Lippen. Das Foto wurde in den Tagen aufgenommen, als sie in Moskau an der Lomonossow-Universität Geografie studierte. Ob sie damals wieder angefangen hatte zu lesen? Bestimmt. Dass aber eine der wenigen Geschichten, die sie in den nächsten dreißig Jahren schreiben würde, schon aus dieser Zeit stammte, glaube ich nicht, dafür war das Leben einer jungen sowjetischen Frau nach dem Krieg viel zu schwer und zu traurig. Vielleicht begann sie ja mit dem Schreiben während der ersten Tauwetter-Jahre, als die Menschen zwischen Brest und Wladiwostok wieder das Wort »morgen« lieben lernten, vielleicht träumte sie sogar kurz davon, dass eine Erzählung von ihr in Nowyj Mir erscheinen könnte, freigegeben von Chruschtschow persönlich, aber das stelle ich mir natürlich nur so vor.

In Hamburg, das weiß ich genau, schrieb sie meistens im Auto, vor dem Toom-Markt in Winterhude – bevor sie ausstieg, um wie jeden Samstag für uns drei für die ganze Woche einzukaufen und danach allein, so klein und zierlich wie sie war, die vielen Tüten in unsere Wohnung hochzuschleppen. Auf dem Rücksitz ihres roten Fiat Panda lag immer ein Block mit Briefpapier, und wenn ich ab und zu reinguckte, waren wieder ein paar Seiten mehr mit ihrer riesigen Schrift vollgeschrieben. Einmal – ich ging noch zur Schule, schlief und träumte zu viel in meinem großen dunklen Hofzimmer in der Bieberstraße und wusste nicht, was ich später selbst machen würde – fragte ich sie, was dort stand, weil ich die russische Schreibschrift nur schlecht lesen konnte.

Sie sagte: »Nichts Besonderes. Was immer mir gerade einfällt.«

»Und was fällt dir jetzt ein?«, sagte ich.

»Wie ich auf der großen Treppe in Odessa stehe, im Hafen, und aufs Meer und einen riesigen weißen Dampfer schaue, der sanft im Wasser schaukelt. Aus den Schornsteinen des Dampfers kommt eine riesige weiße Wolke heraus, unten auf der Hafenpromenade streiten sich ein paar Matrosen, und plötzlich rast ein Kinderwagen an mir vorbei die Treppe hinunter und die Mutter schreit panisch: ›Hilfe! Helft! Mein Kind! Bitte, helft mir!‹«

»Mama«, sagte ich, »das ist aus dem *Panzerkreuzer Potemkin*. Die Szene kenne ich.«

»Ich weiß«, sagte sie.

»Und woran hast du gerade wirklich gedacht?«

»Dass ich gern die berühmte Nina Agadschanowa gewesen wäre, die sich diese Szene ausgedacht und aufgeschrieben hat.«

»Ach so«, sagte ich, aber damals verstand ich noch nicht, wie sie das meinte.

6.

Vor ein paar Tagen war in der FAZ ein langer Artikel über die Judenverbrennung vom Tolbuchinplatz und einen deutschen Verein, der dort ein Denkmal hinstellen möchte. Ich musste sofort an Lassik Stein denken, der schon lange nicht mehr lebt, und beim Lesen wartete ich die ganze Zeit umsonst, wann endlich sein Name kommen würde. Einige Seiten weiter stand etwas über die Geschichte der sowjetischen Giftmischer, die in der Nähe von Saratow in ein paar verfallenen Hütten mit den gemeinsamen geheimen Senfgasversuchen der Roten Armee und der Reichswehr angefangen hatte. Obwohl ich Zufälle sonst völlig uninteressant finde, war es diesmal anders, denn in meiner Erinnerung gehörten beide Sachen zusammen.

Wenn meine Eltern und Lassik im Abendrothsweg nicht über seine eigenen Denkmal-Pläne für Odessa redeten, ging es nämlich oft um einen ganz bestimmten Sonntag im August 1967, der in unserer Familienmythologie eine wichtige Rolle spielte. An diesem Tag war es sehr heiß und schwül an der nördlichen Schwarzmeerküste, aber vielleicht regnete es auch, das erzählten meine Eltern jedes Mal anders, und ich selbst konnte mich sowieso nur an wenige Augenblicke in diesem Sommer erinnern. Mein Vater hatte schon im Frühling für meine Mutter und mich in Bolschoi Fontan eine kleine, weiß gestrichene Datscha gemietet, wo wir in der Woche ohne ihn zum Strand gingen, sehr viel Okroschka und Wassermelone aßen, Dutzende Schachpartien anfingen, ohne sie zu beenden, und uns fast nie stritten. Am Freitag kam er mit der Straßenbahn oder mit dem Auto aus der Stadt zu uns und blieb bis Sonntag, das wusste ich noch, und ich glaube, dass er meistens sehr schlechte Laune hatte. Als kleiner Junge dachte ich, dass er auch Ferien machen wollte, so wie wir, statt in der hochsommerlich glühenden Stadt zu hocken und sich im Institut – ein Wort, das bei uns immer sehr respektvoll ausgesprochen wurde – mit seinen unintelligenten Vorgesetzten herumzuärgern. In Lassiks Küche erfuhr ich aber zehn Jahre später, dass er deshalb so bedrückt war, weil er schon damals als Jude Ärger mit den Sicherheitsorganen – auch ein typischer Sowjetmenschen-Ausdruck – hatte. Es ging um die Gruppe, die er noch als Student gegründet hatte und die sich jeden Samstag in einem Nebenraum des ehemaligen Jiddischen Theaters in der Griechischen Straße traf.

Die Jungisraeliten, wie sie sich nannten, diskutierten viel darüber, ob sie versuchen sollten, nach Israel auszuwandern – oder ob es nicht mutiger und wichtiger wäre, dazubleiben. Sie redeten bewundernd über den stolzen Rabbi Nachman von Bratslav, der sich nicht in seiner Heimatstadt, sondern im benachbarten Uman beerdigen ließ, weil dort kurz vor seiner

Geburt an drei Tagen dreißigtausend Juden von Kosaken umgebracht wurden. Sie lasen sich aufgeregt die jüdischen Gangster-Geschichten von Babel vor, die verboten waren, und berauschten sich an der List der israelischen Generäle im Sechstagekrieg. Und natürlich war immer einer dabei, der hinterher den KGB-Leuten alles erzählte. Das wusste mein Vater, weil ihm bei den Verhören im massiven Gebäude der ehemaligen Bauernlandbank, zu denen er immer öfter musste, oft wörtlich vorgelesen wurde, was er in der Leninstraße gesagt hatte.

An dem Sonntag im August 1967, den meine Eltern nicht vergessen konnten, bat mein Vater meine Mutter, ihn mit dem Auto in die Stadt zurückzubringen. Er hatte den ganzen Tag allein und ohne Hut am Strand gesessen und geschwiegen und nachgedacht. Wahrscheinlich hatte er einen Sonnenstich und darum keine Kraft, sich selbst ans Steuer zu setzen.

»Wir waren gerade losgefahren«, sagte mein Vater zu Lassik, »als Aljona plötzlich anfing zu schreien, ich soll das Lenkrad halten, weil sie sich nicht bewegen konnte.«

»Ja, schrecklich«, sagte Lassik aufgeregt, der die Geschichte schon hundertmal gehört hatte.

»So sind wir bis in die Stadt gefahren. Sie gab Gas und bremste, und ich habe gelenkt.«

»Ihr hättet sterben können«, sagte Lassik.

»Wir sollten sterben«, sagte mein Vater, »ich sollte sterben!«

Und meine Mutter sagte: »Ich konnte meine Hände und meine Arme nicht bewegen, und mein ganzer Körper war wie eingefroren. Bis auf die Füße!«

»Ja, zum Glück«, sagte mein Vater, »bis auf die Füße.«

»Warst du krank, Mama?«, sagte ich, obwohl ich das an dieser Stelle der Geschichte schon oft gefragt hatte, aber als Kind vergisst man solche Sachen schnell wieder.

»Am nächsten Tag war wieder fast alles so, als wäre nichts gewesen«, sagte sie, »und ich konnte mich normal bewegen. Ich hatte nur wochenlang keinen Appetit und war blass wie eine Tote. Und ich hatte noch ewig rote Augen.«

»Warum habt ihr nicht einfach angehalten?«, sagte ich, aber das hörte keiner.

»Schichany«, sagte Lassik, »dieses Dreckszeug kam aus Schichany! Damit haben sie später ständig Leute getötet.«

»Schichany?«, fragte ich.

»Eine Provinzstadt bei Saratow mit einer geheimen Giftfabrik der roten Faschisten«, sagte mein Vater.

»Und was heißt das?«

»Dass die KGBler irgendeinen radioaktiven Dreck oder ein Nervengift, das dort gemacht wurde, ans Lenkrad oder an den Griff der Fahrertür gestrichen haben, damit ich auf dem Weg von Bolschoi Fontan nach Odessa gegen einen Baum knalle, mein Junge.«

»Oder ich«, sagte meine Mutter und lachte ihr krachendes Lachen.

»Aber nein, Aljonuschka«, sagte Lassik plötzlich viel zu süß und guckte meine Mutter traurig an, »du warst bestimmt nicht gemeint. Dafür bist du schon immer viel zu liebenswürdig gewesen.«

»Nein«, sagte mein Vater, »natürlich nicht.«

»Erwischt hätte es mich aber trotzdem fast«, sagte meine Mutter, und ihre sonst weiche Stimme wurde kurz fremd und hart.

Den FAZ-Artikel über die raffinierten KGB-Killer habe ich letzte Woche gleich zweimal gelesen und mir in der Zeitung auch ein paar Stellen angestrichen. Am interessantesten fand ich, dass die Männer und Frauen von Schichany versuchten, ein Gift zu entwickeln, das unsichtbar bleiben würde. Wollten sie auch, dass Menschen, die damit in Berührung kamen, erst viel später daran starben? Wahrscheinlich schon, aber sie dachten eher an Wochen oder Monate und nicht an Jahrzehnte. So lange dauerte es jedenfalls, bis meine Mutter eine Lungensache bekam, von der bis dahin sogar die Spezialisten in der Pneumologie der Asklepios Klinik in Harburg noch nie etwas gehört hatten. Sie selbst war von der »widerlichen Seuche«, wie sie ihre rätselhafte Krankheit nannte, offenbar nicht wirklich überrascht. Schon als sie und mein Vater anfingen, sich gleich in den ersten Jahren der Emigration zu streiten, warf sie ihm vor, dass sie wegen ihm und seinen zionistischen Spielchen noch eines Tages zugrunde gehen würde. Es könnte sein, dass sie dabei auch an ihre verrückte Autofahrt im Sommer 1967 und ihre Folgen dachte – aber ganz sicher bin ich natürlich nicht.

7.

Das Haus in der Bieberstraße, in das wir schon bald nach unserer Ankunft in Hamburg eingezogen waren, stammte aus dem späten neunzehnten Jahrhundert. Es war groß, strahlend weiß – jedenfalls ungefähr alle zehn, fünfzehn Jahre, wenn die längst stucklose Jugendstil-Fassade neu gestrichen wurde –, und wir wunderten uns selbst darüber, dass wir 1972 diese riesige, uns palastartig vorkommende Wohnung in der Beletage als Ausländer gekriegt hatten. Mein Vater, dunkel wie ein Perser oder Afghane, hatte zwar schnell Deutsch gelernt – wahrscheinlich, weil er als Kind in der Moldowanka bei den alten Leuten Jiddisch gehört hatte –, aber natürlich machte er ständig Fehler und hatte eine für die Deutschen fast schon verwirrende Aussprache. Außerdem legte er, der sonst eher ein stiller und vorsichtiger Mensch war, anderen Leuten beim Sprechen ständig die Hand auf den Unterarm oder umarmte sie zur Begrüßung, und für so etwas wurde man damals in Hamburg eigentlich noch erschossen. Meine Mutter, die mit ihren tief schwarzen Haaren und ihren weichen, weiblichen Bewegungen in jedem Geschäft und Restaurant auffiel und aus einer stolzen sowjetischen Intellektuellenfamilie kam, wollte lange kein Deutsch sprechen, obwohl sie praktisch von Anfang an jeden Morgen die Süddeutsche las und nachts, nach ihrer Achmatowa- und Babel-Lektüre, Deutschlandfunk hörte. Sie redete, unterbrochen von ihrem lauten Lachen, viele Jahre in einer Mischung aus Russisch und einem koketten Fantasie-Deutsch auf die Leute ein und tat so, als könnte sie eigentlich nur »Danke«, »Bitte« und »Was kostet das?« sagen.

Und trotzdem durften wir in der Bieberstraße einziehen.

Was meine Eltern nicht wussten, und was auch die meisten Deutschen nicht ahnten, die damals zwischen Rothenbaumchaussee, Hochallee und Rutschbahn wohnten: Das Grindelviertel, das unser neues kleines Odessa wurde, war vor dem Krieg voll mit Synagogen, koscheren Kantinen und Rabbinerschulen gewesen. Das wusste aber Frau Ould aus dem zweiten Stock, der das Haus in der Bieberstraße 7 gehörte, weil es schon immer ihrer Familie gehört hatte. Sie lebte hier seit ihrer Geburt, und als mein Vater ihr bei der Wohnungsbesichtigung auf den Arm tippte und versuchte, ein Kuvert mit ein paar Hundertmarkscheinen in ihre Mappe mit den Bewerbungsformularen zu schieben, sah ihn die großgewachsene und irgendwie sehr knochige Alte freundlich, aber auch ein bisschen von oben herab an und sagte: »Das ist nicht nötig, Herr Grinbaum. Wir brauchen wieder Menschen wie Sie und Ihre Familie in unserer Gegend.«

Frau Ould wohnte direkt über uns. Trotzdem ließ sie uns immer in Ruhe, ihr genügte es, ab und zu im Treppenhaus mit meinen Eltern über das Wetter zu reden oder sich über die ewigen sozialdemokratischen Hamburger Bürgermeister aufzuregen, und sie hat sich kein einziges Mal über mich und mein Klavier beschwert. Etwas jünger und launischer als sie war Frau von Lernet-Fabinger – ihr ganzer, komplizierter Adligenname stand in goldenen Buchstaben auf ihrem Türschild –, die unter uns im Erdgeschoss lebte, auch völlig allein in einer Sechszimmerwohnung. Mal brachte sie uns den Rest einer Sachertorte vorbei, die sie selbst gemacht hatte und nicht allein schaffte, wie sie verlegen sagte. Mal stellte sie sich vor unserer Wohnungstür auf, drückte den Finger fest auf die Klingel, die sie nicht einmal dann losließ, wenn einer von uns ihr die Tür aufgemacht hatte, und sagte leise und bedrohlich: »Ich höre in meinem Kopf jeden Schritt, verstehen Sie, jeden einzelnen Schritt.«

Genau das hatte sie auch an dem Tag gemacht, an dem ich kurz nach unserem Einzug allein zu Hause war. Ich war gerade aus dem Sommerlager in Wyk auf Föhr zurückgekommen, wo ich während des Umzugs sein musste, damit ich nicht störte. Ich hatte schon den ganzen Nachmittag vor unserem neuen großen Farbfernseher gesessen und mir die Live-Übertragung von den Olympischen Spielen in München angeschaut, und als die kleine alte

Frau mit den blauen Haaren und dem viel zu stark geschminkten Gesicht vor mir fertig war, ließ sie endlich die Klingel los und sagte: »Du bist bestimmt ein sehr kluger, aber auch unverschämter Junge, nicht wahr?«

Dann gab es – daran erinnere ich mich auch noch gut – in der Wohnung neben uns zwei junge Anwälte mit ihren zwei kleinen Mädchen, die beide diese weißblonden BDM-Haare und ein liebes, aufrichtiges Lächeln hatten. Ganz oben unter dem Dach wohnte Dr. Mohammed Farsi vom UKE. Er war Jordanier – Palästinenser – und ein »genialer Diagnostiker«, wie meine Eltern immer sagten. Und irgendwann, nachdem Frau Ould gestorben war und das Haus verkauft wurde, zogen Martha und ihr Mann Erik über uns ein. Der lange, dünne Erik war Psychologe oder etwas in der Art, und als es meiner Mutter schon sehr schlecht ging, fuhr er sie ein paar Mal in die Klinik nach Harburg, obwohl das eigentlich meine Sache gewesen wäre. Dort wartete er auf sie, manchmal stundenlang, las oder telefonierte oder sprach mit ihr zwischen den Untersuchungen, und dann brachte er sie wieder zurück. Martha – groß, ernst, schön, die weiße Bluse immer einen Knopf zu weit auf – machte kleine Filme für die Kulturredaktion des NDR. Sie arbeitete ohne Geld für die Hamburger Frauenhilfe und kämpfte mit anderen Leuten aus der Gegend dafür, dass aus der gefährlichen Kreuzung Grindelhof, Rutschbahn und Hartungstraße ein friedliches Rondell wurde. Aber eigentlich schrieb sie schon seit vielen Jahren einen Roman und war, wie ich fand, eine Jüdin, die gar keine richtige Jüdin war. Und sie war wahrscheinlich der falscheste, böseste Mensch, den ich in meinem Leben getroffen habe.

Aber das begriff ich erst, als Mama schon tot war.

8.

Ein paar Jahre, nachdem mir meine Mutter die Kompass-Geschichte und noch vier, fünf andere von ihren Auto-Erzählungen am Telefon oder in Hamburg auf der roten Rolf-Benz-Couch vorgelesen hatte, rief ich eine Lektorin bei Rowohlt an, von der ich wusste, dass sie Russisch konnte.

Mein Vater hatte sich eben erst mit seiner »Nutte« oder auch »Nazihure«, wie meine Mutter sie bis zum Schluss nannte, nach Othmarschen abgesetzt, in ein kleines Reihenhaus mit einer Fassade aus rotbraunen Klinkersteinen, überwachsen mit wildem Wein oder Efeu oder was auch immer, ich habe ihn dort nur einmal besucht. Und Mama, ohnehin schon ziemlich durcheinander und gelangweilt, hatte kurz vor der großen, aber völlig undramatischen Trennung auch noch aufgehört, an der Universität zu arbeiten, wo sie fast zwanzig Jahre die wissenschaftliche Assistentin eines tyrannischen DKP-Professors für Volkswirtschaft war, der sich bei den Weihnachtsfeiern nach zwölf Uhr immer gern an seine Zeit als »Schütze Arsch von Odessa«, wie er sagte, erinnerte oder auswendig aus Heinrich Bölls Frühwerk zitierte. Er schenkte meiner Mutter zum Abschied einen Strauß Rosen und die Monografie über sowjetischen Außenhandel, die sie für ihn zusammen mit zwei anderen Assistenten geschrieben hatte. Auf dem Deckblatt stand: »Für die kluge Aljona Grinbaum, das Licht unseres Instituts, die bestimmt bald besser Deutsch kann als wir alle zusammen!«

Jetzt saß meine Mutter also Tag für Tag auf dem großen roten Sofa, rauchte ihre langen, dünnen *Kim*-Zigaretten, blätterte in ihren russischen Büchern und legte stundenlang in der Küche Patiencen. Oder sie stand im Wohnzimmer am Fenster und betrachtete das riesige fensterlose schiefergraue Postgebäude gegenüber, das dort irgendwann in den Siebzigern hingestellt wurde, statt dieser drei herrlichen Stadtvillen, denen vorher nicht einmal der Krieg etwas anhaben konnte. In einer der Villen war in den fünfziger Jahren der Rowohlt Verlag gewesen, vor dem großen Umzug nach Reinbek. Das wusste ich schon als Schüler, weil ich früh anfing, durch die Antiquariate des Univiertels zu ziehen und dort Bücher zu klauen – und weil auf den Postkarten, die manchmal noch in den alten Rowohlt-Bänden steckten, damit Leser sie mit Wünschen und Beschwerden an den Verlag zurückschicken konnten, die Adresse Bieberstraße 14 stand. Schon wieder ein Zufall, der interessanter war, als ich es wollte, ich weiß.

Jedenfalls hatte meine Mutter gerade einen besonders schweren und ziemlich hartnäckigen Anfall von Katschmorian-Blues, wie sie mir bei unseren immer länger werdenden Telefongesprächen erzählte. Ich hörte ihr zu, guckte auf den Fernseher, der ohne Ton lief, oder spielte ganz leise Gitarre – und fragte mich, ob sie nicht jemanden anders zum Reden hatte. Statt aber für ein paar Tage zu ihr zu fahren, sie ein bisschen zu trösten und ihre Hand zu streicheln, um sie danach wieder mit ihrer Wut und ihrer Einsamkeit allein zu lassen, hatte ich bald eine bessere Idee, wie ich ihr helfen könnte, ohne für eine solche sinnlose Reise Zeit und Konzentration zu opfern. Einer meiner Paris-Bar-Freunde – ein sympathischer Deutscher, der manchmal sehr cholerisch sein konnte und schon mit Mitte zwanzig eine kleine Erfolgsstory als Autor einer Trilogie über einen halbmarokkanischen Privatdetektiv hinter sich hatte – erzählte mir, dass er mit der Tochter eines früheren Russlandkorrespondenten der Zeit auf die Odenwaldschule gegangen war. Sie arbeitete inzwischen beim Rowohlt Verlag und konnte angeblich Russisch. Und weil ich drei Jahre vorher mein erstes Buch veröffentlicht hatte und nichts und niemanden fürchtete, außer vielleicht einer unbekannten, tödlichen Krankheit, rief ich sie einfach an und fragte sie, ob sie sich nicht die Erzählungen meiner Mutter angucken könnte. Was ist, dachte ich, wenn sie ihr einen Vertrag gibt? Dann würde meine undisziplinierte Mutter endlich anfangen, wirklich zu schreiben – und hätte auch noch weniger Zeit, traurig zu sein und mit mir zu telefonieren.

»Wie lange schreibt Ihre Mutter?«, sagte die alte

Mitschülerin meines Paris-Bar-Bekannten, nachdem ich mich vorgestellt hatte. Sie musste ungefähr so alt sein wie ich, und sie klang ein bisschen erschrocken.

»Ich glaube«, sagte ich, »sie schreibt schon sehr lange.«

»Dann haben Sie ja Ihr Talent von ihr.«

»Von meinem Vater nicht.«

»Wir waren früher in Moskau«, sagte sie, »fünf oder sechs Jahre. Aber dann ging mein Vater nach Washington, und ich musste aufs Internat.«

»Sie hat ab und zu eine Geschichte geschrieben. Also immer, wenn sie Zeit hatte. Es sind zusammen vielleicht fünfzig oder sechzig Seiten, mehr nicht, sie hat sie mir alle vorgelesen.«

»Sie waren bestimmt auf einer ganz normalen Schule«, sagte sie plötzlich geistesabwesend, als hätte sie mir nicht zugehört.

»Schule Nr. 103, Odessa, dann Kaiser-Friedrich-Ufer-Gymnasium in Hamburg.«

»Ich war in Moskau auf so einer schrecklichen Diplomatenschule, und wie es auf der OSO war, können Sie sich ja vorstellen. Das hat Ihnen Emil bestimmt tausendmal erzählt.« Sie kicherte, nicht verrückt, eher selbstironisch, aber trotzdem war mir dieses hohe, reißende Geräusch peinlich. Dann sagte sie: »Es gibt ganz oft Leute, die ein Leben lang ein einziges Buch schreiben und nie fertig werden. Damit muss man sich abfinden.«

»Emil?«

»Ach so, Entschuldigung«, sagte sie, »seit er schreibt, hat er sich einen arabischen Vornamen zugelegt. Abdil ist doch arabisch, oder?«

»Meinem Vater hat meine Mutter ihre Geschichten auch vorgelesen«, sagte ich, »und er findet sie auch sehr gut. Obwohl sich die beiden eigentlich hassen.«

Die Rowohlt-Frau antwortete lange nicht, dann seufzte sie leise.

»Ich finde«, sagte ich, und ich war ganz ehrlich, »das Russisch meiner Mutter klingt wie das Russisch von Zwetajewa oder Tschechow oder so.«

»Wissen Sie, wie er überhaupt auf die Idee mit seinem komischen Detektiv gekommen ist?«, sagte sie.

»Nein, keine Ahnung.«

»Er ist in der zwölften für ein paar Monate abgehauen, weil er in Frankfurt eine marokkanische Freundin hatte. Sie war viel älter als er. Und dann war es wieder zu Ende, und er musste zurück in die OSO. Der Arme.«

Jetzt schwieg ich, weil ich nicht mehr wusste, was ich sagen sollte.

»Ich würde mich freuen«, sagte die Lektorin plötzlich laut, mit einer völlig veränderten, klaren Stimme, »wenn Ihre Mutter mir bald ihre Geschichten schicken könnte. Sie soll sie aber nicht vorher übersetzen lassen, bitte. Sie darf sie auf keinen Fall übersetzen!«

Sechs Monate später hatte meine Mutter einen Vertrag – sieben Tausend Euro, Abgabe im Frühjahr oder Herbst 2003 –, und ich hatte für eine Weile meine Ruhe.

9.

Als Anna Achmatowa im Winter 1966 starb – sie wollte bestimmt ihr halbes Leben lang sterben, obwohl alle immer meinten, für solche Gedanken wäre sie zu stark gewesen –, kamen zur Totenmesse in der Nikolaus-Marine-Kathedrale in Leningrad mehr Menschen, als hineinpassten. Ihre Freundin Nadeschda Mandelstam schrieb später, dass es Tausende waren, die draußen in der Märzkälte warteten, während drinnen gesungen und gesprochen wurde und ein Priester wie in Zeitlupe eine Ikone vor sich hertrug und dabei wichtigtuerisch das dunkle Kirchenschiff durchquerte. Dann strömten Leute raus und Leute von draußen drängten hinein, damit auch sie am offenen Sarg mit der geliebten Dichterin vorbeigehen konnten.

Achmatowa lag toter als tot da – die berühmte Krähennase wieder so scharf und kantig wie in ihrer Jugend, das kräftige Greisinnengesicht straff und weiß von ihrer letzten Schminke – und ignorierte die noch nicht Gestorbenen. Später taumelten und schwankten die Männer, die den Sarg über den weißen, völlig zugeschneiten Komarovsky-Friedhof mit seinen wenigen schwarzen Baumskeletten trugen, ein paarmal gefährlich, und eine kleine alte Frau in einem kurzen schwarzen Mantel und hellen Sommerschuhen, die vor ihnen lief, stützte sich immer wieder so unsicher wie ein Zirkusclown mit ihrem Stock ab, um nicht auf der vereisten Schneedecke auszurutschen. Die Gruppe von Achmatowas fünfzehn, zwanzig engsten Freunden und Kollegen, die sich am Ende ums offene Grab drängten, sah so ernst und entsetzt aus wie die der Amsterdamer Chirurgen und Barbiere auf dem Rembrandt-Bild *Die Anatomie des Dr. Tulp* – aber auch erleichtert.

»Siehst du«, sagte meine Mutter zu mir, als wir uns kurz vor ihrem eigenen Ende schon zum dritten oder vierten Mal zusammen in Hamburg einen alten – natürlich schwarz-weißen – russischen Dokumentarfilm über Achmatowas Leben und Sterben anguckten, der mit der Beerdigung begann und nun wieder endete, »das da ganz rechts am Grab ist Brodsky.«

Ich nickte und sagte auf Russisch: »Ja, stimmt. Hier sieht es aber so aus, als hätte er schwarze Haare gehabt.«

»Er hatte rote Haare«, sagte meine Mutter, auch auf Russisch.

»Ich weiß, Mama«, sagte ich.

»Und weißt du, was die Achmatowa gesagt hat, als sie ihn in die Verbannung geschickt haben?«

»Nein.«

»›Was ist das nur für eine Biografie, die sie unserem Rotschopf antun!‹ Ein sehr berühmter Satz damals.«

Ich sagte nichts, weil ich den Satz nicht besonders aufregend fand.

»Aber an ihre eigene Biografie trauten sie sich nicht heran«, sagte meine Mutter dann und spulte den Film wieder bis zu der Stelle zurück, wo der Zug mit dem Sarg die Kirche verließ und im Off eine Schauspielerin etwas von Achmatowa zitierte, »komisch, oder?«

»Mama, sie haben zwei von ihren drei Männern umgebracht. Das war auch ihr Leben. Den einen haben sie erschossen, den anderen haben wahrscheinlich andere Häftlinge irgendwo in einem stinkenden Gulag aufgegessen.«

»Das war ihr egal. Sie mochte beide nicht wirklich, sie hielt sie jahrelang aus, und sie überlebte sie um Jahrzehnte.«

»Und ihren Sohn haben sie gleich zweimal verhaftet und deportiert und erst nach Jahren zurückgebracht.«

»Sie lebte immer, wie sie wollte«, sagte meine Mutter stur, »sie war eine starke, elegante Frau. Über sie wird man sprechen, wenn man über ihre roten Gegner nicht einmal mehr sagen wird, das sie vergessen sind.«

Während jetzt wieder Brodsky und die andern mit Achmatowas Sarg einen engen, verschneiten Friedhofsweg hinauf- und hinabstolperten, dachte ich an die verunglückte Ehe meiner Eltern. Und daran, dass es absolut in Ordnung war, wenn meine Mutter wie jeder andere Mensch alles, was sie hörte und las, auf sich selbst bezog. Wäre sie gern wie die große Anna Andrejewna Achmatowa gewesen, nicht so berühmt vielleicht, aber auch eine unabhängige Frau, Ehefrau,

Liebhaberin, Künstlerin? Wäre sie lieber wie sie von Wohnung zu Wohnung gezogen, statt selbst eine zu haben, ohne feste Arbeit und Verpflichtungen als Hausfrau, dafür mit einem großen Notizheft bewaffnet, in das sie, wann immer sie Lust hätte, ihre Erzählungen reinschreiben würde? Und würde sie auch einmal gern öffentlich sagen, am besten mit einem Gedicht oder einer Geschichte, dass sie den Vater ihres Sohns mochte, aber nicht liebte? Die Antwort war dreimal Ja.

Ich konnte verstehen, was meine Mutter an ihrem großen Vorbild hatte. Auf den Porträts, die Modigliani, Altman oder ihr Kurzliebhaber Boris Anrep von Achmatowa gemalt haben, sah sie schön und hässlich gleichzeitig aus. Auch das musste meiner Mutter gefallen, die sich selbst, wie jede schöne Frau, bestimmt an vielen Tagen nicht mochte. In ihrer Jugend, als die Bilder entstanden waren, war Achmatowa noch »so dünn wie eine Birke« gewesen – das waren oft die Worte meiner Mutter –, und sie schaffte es, sogar im Liegen mit ihren Zehenspitzen ihre Stirn zu berühren. Nach dem Krieg, plötzlich dick und schwerfällig, konnte noch immer keiner Nein zu ihr sagen, keine Frau, kein Mann, und dass Stalins Hund Schdanow sie nach ihrer Affäre mit dem jungen Isaiah Berlin halb Hure, halb Nonne nannte, deren Sünde voll mit falschen Gebeten sei, beeindruckte meine Mutter mehr als alles andere. »Halb Hure, halb Nonne«, hatte sie leise wiederholt, als in dem Achmatowa-Film, den wir zusammen guckten, Schdanow zitiert wurde. Dann sagte sie noch leiser zu sich selbst: »Besser als *nur* Nonne – so wie manche Leute in diesem Zimmer.« Und als es ein paar Einstellungen später um Brodsky ging, ihren letzten Eleven, Schüler, Verehrer, Jünger und so weiter, sagte sie: »Ich glaube, das war nur platonisch zwischen ihnen beiden, aber was heißt schon nur.« Dabei drehte sie sich ganz schnell zu mir und strahlte mich an wie niemand nach ihr. »Wusstest du, dass Brodsky jahrelang Exkursionen bis nach Sibirien gemacht hat – so wie ich?«

Jetzt schleppten sich also noch einmal die Trauernden mit Achmatowas Sarg ab. Jetzt drängelten sie sich wieder um das offene Grab. Und jetzt ließen sie ein zweites Mal den Sarg in das nur sehr ungleichmäßig rechteckige Loch hinunter und schütteten schnell das Grab mit der berühmten Dichterin zu.

»Mama«, sagte ich, »warum muss ich das noch einmal sehen? Das ist morbide. Und langweilig.«

»Warte«, sagte meine Mutter, »gleich kommt's!«

Und dann kam endlich die Stelle, wegen der meine Mutter den Film zurückgespult hatte, dann zitierte die unsichtbare Sprecherin noch einmal Achmatowa selbst. »Gedichte, sogar die größten, machen ihren Autor nicht glücklich«, sagte sie, wobei sie auf Russisch jedes Wort so vorsichtig und zart aussprach und umrundete wie man nur am Anfang einen Geliebten, eine Geliebte berührt. »Puschkin zum Beispiel! Er wusste genau, dass er den *Ehernen Reiter* geschrieben hatte. Und trotzdem war er nicht glücklich, nein, das war er nicht. Aber man kann mit Sicherheit sagen, dass er – mehr als alles andere auf der Welt – immer nur weiterschreiben wollte, immer weiter und weiter.«

»Verstehst du?«, sagte meine Mutter und drehte sich wieder schnell von mir weg – aber nicht schnell genug, denn ich bemerkte gerade noch die Tränen in ihren alten blauen Augen.

10.

Mein erstes Buch, das sich wirklich verkaufte, habe ich erst in Berlin geschrieben, wohin ich eines Tages, ohne groß zu überlegen, wegen jemandem gezogen bin. Obwohl das ein Fehler war, bin ich dann einfach geblieben – mal wieder allein, aber wenigstens in einer großen, lauten, sehr hellen Charlottenburger Wohnung direkt am Savignyplatz, wie ich sie mir in München nie hätte leisten können.

In dem Roman ging es um ein kleines, nicht besonders gutes Ölbild, das eine traurige Emigrantenfamilie bei ihrer Ausreise aus Odessa nach Deutschland rausgeschmuggelt hatte, in letzter Sekunde aus dem Rahmen geschnitten, zusammengerollt und unter das Futter eines Koffers geschoben. Auf dem Bild – wie ein Siebdruck von Warhol, aber gemalt – sieht man eine junge blonde Frau mit zu großen schwarzen Augen und einer langen schwarzen Falte zwischen den halbnackten Brüsten. Diese Frau war die erste Liebe des Vaters der traurigen Emigrantenfamilie, und obwohl die Mutter das weiß, darf er das Bild in ihrem neuen Wohnzimmer in Hamburg aufhängen. Dann verlässt auch die Frau mit den schwarzen Augen Odessa, und weil sie nicht nach Israel will, kommt sie nach Hamburg, wo sie so lange im Wohnzimmer ihres ersten

Freundes und seiner Frau und seines Sohns schläft, bis nichts mehr so ist, wie es vorher war. Der Roman hieß *Das Bild*.

Bei uns war alles ganz anders, aber auch irgendwie ähnlich. Mein Vater, den Kunst und Literatur wenig interessierten und der in seiner freien Zeit nur statistische Jahrbücher und israelische Emigrantenzeitungen auf Russisch las, hat kein Gemälde oder wenigstens eine kleine Grafik oder irgendwas in der Art aus Odessa nach Hamburg in seinem Koffer mitgebracht. Dafür schickte uns immer wieder mein Großvater bis kurz vor seiner Verhaftung und seinem Tod über Freunde und Verwandte die eingerollten Leinwände von Bildern, die er wie besessen in seinem Atelier in der Balkovskaja nach unseren alten Familienfotos malte. Meine Mutter brachte dann jedes Bild sofort zum Rahmenmacher am Grindelhof und hängte es, wenn es fertig war, natürlich in unserer neuen Hamburger Wohnung auf.

Ich als Vierjähriger, mit Fußball und aufgeschlagenen Knien. Meine Mutter mit ihrer Mutter vor der alten Militärbaracke in Karagul. Mein Großvater selbst, wie er im Pyjama mit mir, seinem vergötterten kleinen Enkelsohn, in Bolschoi Fontan am Küchentisch sitzt und versucht, ein dick geschmiertes Butterbrot in meinen Mund zu schieben. Die Wände im Wohnzimmer in der Bieberstraße, im Flur und in Mamas Arbeitszimmer hinten rechts am Ende des Flurs waren bald voll mit Jaakow Katschmorians schrecklichen naiven Bildern. Nachdem meine Mutter auch noch eins im Schlafzimmer aufgehängt hatte, nahm mein Vater es wortlos wieder ab und stellte es umgedreht an die Wand in ihr Arbeitszimmer.

Und ab wann war auch bei uns, so wie in meinem Buch, alles plötzlich ganz anders? Vielleicht war es nie gut, denke ich gerade, das wussten nur meine Eltern allein. Als mir aber meine Mutter eines Tages mit einer wie eingefrorenen Stimme am Telefon erzählte, mein Vater habe bei einer Reise nach Israel – »Einer von seinen schwachsinnigen Mathematiker-Kongressen, glaube ich« – eine junge Kibbuz-Volontärin kennengelernt, war ich so tief erleichtert, als hätte ich seit Jahren auf genau diese Nachricht gewartet. Gleichzeitig wurde ich natürlich sehr traurig, und während ich dachte »So, das war's also mit uns dreien, ihr beiden kindischen Idioten, vielen Dank«, sagte meine Mutter: »Diese blöde Schickse! Fährt als gute Deutsche nach Israel, um als Tellerwäscherin in der Kantine von Jad Vashem oder wo auch immer ihr schlechtes Gewissen zu beruhigen, und zerstört kurz darauf eine jüdische Familie.«

Ich war damals noch nicht in Berlin, ich war in München und stand beim Telefonieren mal wieder am Fenster zur Zentnerstraße und guckte auf die in der Abenddämmerung blau und grün strahlenden hohen Fenster des Nordbads. Als meine Mutter fertig war, sagte ich: »Mama, warum erzählst du mir das? Das ist doch überhaupt nicht meine Sache, das ist zwischen euch. Ich will das nicht hören! Lass mich in Ruhe. Ich will in Ruhe arbeiten!« Danach habe ich sie mindestens eine Woche lang nicht angerufen, und weil sie sich auch nicht meldete, wählte ich irgendwann doch unsere Hamburger Nummer. Beim Abheben sagte sie wie immer kräftig und neugierig »Hallo«, aber als sie hörte, dass ich es war, wurde sie ernst und kalt. Es dauerte Monate, bis sie wieder normal mit mir redete.

Nach dem Roman über die blonde Frau mit dem schwarzen Schatten zwischen den Brüsten kam einer über meinen Vater, den großen Zionisten, und sein neues deutsches Leben. Das Schreiben fiel mir wieder ganz leicht, und ich merkte nicht, wie gefährlich die Sache war. Jetzt war die Wirklichkeit, anders als bei einem Zirkusartisten, mein Trapez und mein Sicherheitsnetz zugleich, aber wenn das Netz riss, war es mir auch egal. In *Othmarschen* ging es um einen Mann, der seit seiner Jugend aus Russland nach Israel weg will, eine jüdische Gruppe gründet, sich heimlich beschneiden lässt, Demonstrationen vor dem Gebäude des Parteikomitees organisiert, ins Gefängnis geht und sich von KGB-Antisemiten verprügeln lässt – und der am Ende in einer kleinen rotbraunen Villa in einem der reichsten Viertel von Hamburg landet, als Mann einer jungen Frau, deren Großvater, einem ehemaligen Adjutanten von Ribbentrop, auch schon die Villa gehörte. Diesmal hatte ich mir sogar noch weniger ausgedacht als davor, und dafür mochten mich die Leute noch lieber – aber mein Vater redete deswegen kaum noch ein Wort mit mir.

»Das Buch über deinen Vater«, schrieb mir meine Mutter am 2. November 2007, »ist wirklich sehr gut. Du schreibst ja wie ein Teufel!« Das stand in einer der wenigen E-Mails von ihr, die ich mir ausgedruckt habe. Und: »Ich verstehe nicht, warum er sich so aufregt. Wahrscheinlich, weil er selbst nie liest.« Ich erinnere mich nicht mehr, was ich ihr damals geantwortet habe. Ich weiß aber noch, dass sie selbst auf meinen nächsten Roman – es ging um eine junge Frau, die aus Versehen zum Opfer eines Giftanschlags des KGB wird, der eigentlich ihrem Mann gilt, und die Jahrzehnte später davon krank wird – zuerst auch sehr wütend reagiert hat. Ich wusste lange nicht wirklich, warum.

Ein halbes Jahr später kam ich dann nach Hamburg, weil ich zum Verlag musste. Ich schlief wie immer hinten links in meinem alten Kinderzimmer, wo fast nichts mehr war wie früher, nur beim Einschlafen hörte ich noch das vertraute Brummen eines elektrischen Weckers aus der Wohnung neben uns. Meine Mutter hatte schon lange den alten grünen Kinderschreibtisch weggeworfen und eine große weiße Eiermann-Platte reingestellt, auf der ein neuer Mac mit einer großen weißen Halbkugel als Fuß thronte. Überall lagen ihre Manuskripte, neben dem Computer standen die gerahmten Fotos ihrer ganzen armenisch-jüdischen Familie und ein paar von mir, sonst waren noch das neue große Gästebett und mein Klavier da. Mama schrieb inzwischen nur noch hier. In ihrem alten Arbeitszimmer mit dem Sekretär machte sie höchstens mal auf einer schmalen weißen Kaufhaus-Couch Mittagsschlaf oder blätterte in irgendwelchen alten Briefen und Notizen.

Ich war schon länger nicht in Hamburg gewesen. Tagsüber musste ich meistens zu Hoffmann & Campe, in das moderne dunkle Haus an der Alster. Abends saßen Mama und ich in der Küche oder im Wohnzimmer vor dem Fernseher und schwiegen fast nur.

»Mama«, sagte ich irgendwann beim Abendessen, »es reicht. Was ist das Problem?«

»Es gibt kein Problem.«

»Was stört dich? Dass es diesmal ein bisschen mehr um dich geht als sonst? Seit wann machst du dir über so was Gedanken?«

»Lass mich in Ruhe und iss.«

»Wusstest du«, sagte ich, erstaunt über meine plötzliche Einsicht und Ehrlichkeit, »dass ich das von dir gelernt habe?«

»Was hast du von mir gelernt?«

»Dass man sich nichts wirklich ausdenken muss. Keine deiner Geschichten ist ausgedacht. Darum sind sie so gut.«

Sie lächelte kalt, aber aufrichtig, wie eine Märchenfigur, die man nach einem monatelangen Tiefschlaf aufgetaut hat.

»Ach so?«, sagte sie.

»Ja«, sagte ich.

»Okay«, sagte sie, »na und? Das war mein Stoff, verstehst du? Du hast ihn mir geklaut. Du warst doch damals gar nicht dabei, als ich das Lenkrad nicht mehr halten konnte und deinen Vater und mich fast umgebracht hätte. Und du weißt auch nicht, wie es ist, so krank zu sein.«

Aus meiner Kehle kam ein fremdes, fast grunzendes Geräusch, über das ich selbst erschrak. »Im Ernst?«

»Schreib lieber mehr über dich selbst«, sagte sie, »schreib über deine Jugend in Hamburg oder über deine Kindheit in Odessa. Dann begreife ich vielleicht, warum du so bist, wie du bist.«

»Du bist doch meine Mutter, wieso weißt du das nicht?«

»Und vielleicht wirst du danach sogar ein bisschen freundlicher zu uns allen sein. Und auch nicht so ein Egoist.«

Jetzt sagte ich lieber nichts mehr und überlegte, warum das Wort »Egoist« auf Russisch nicht so hart klang wie auf Deutsch.

»Als Kind warst du so lieb. Ja, du warst so ein liebes Kind!«

Ich sagte immer noch nichts und aß den Teller mit dem Borschtsch auf, der vor mir stand. Aber dann sagte ich doch etwas: »Mama, ich kann mich an Odessa fast gar nicht erinnern, wusstest du das? Ich war fast acht, als wir weggegangen sind, aber ich kann mich nicht erinnern. Es macht mich verrückt.«

»Fang jetzt nicht an zu heulen!«

Sie nahm meinen Teller, drehte sich zum Herd um, wo der große weiße Topf mit dem Borschtsch stand, tauchte die Kelle tief hinein und sagte: »Willst du wieder mehr Kartoffeln oder lieber mehr Fleisch?«

11.

Eigentlich wollte Ela Medizin studieren, aber wegen der Quote für Juden bekam sie keinen Platz an der Universität. Darum beschloss sie, Geografin zu werden, weil das für Leute wie sie leichter ging. Außerdem hatte sie gehört, dass die Studenten der Geografischen Fakultät in Moskau viele Expeditionen unternahmen. Das war bestimmt fast so gut wie Reisen nach London oder Paris, die damals den meisten Bewohnern des großen Landes verboten waren, dachte sie.

Es dauerte aber lange, bis Ela das erste Mal gefragt wurde, ob sie Lust hätte, an einer Exkursion teilzunehmen. Vorher musste sie noch einem Studenten aus dem Jahrgang über ihr mehrere Küsse geben, auf die sie keine Lust hatte. Und als ihr Lieblingsprofessor sie zweimal auf einen Tee in die Konditorei in der Gorkistraße einlud, dachte sie tapfer, das müsse so sein. Der Student hatte bei ihrem Rendezvous gesagt, er würde sie im nächsten Sommer nach Ostsibirien mitnehmen, nach Jakutien, das der Traum aller Geografen war. Als sie dem Professor davon erzählte, fing er sofort an, von der gewaltigen Lena, vom leise atmenden Permafrost und einem Maximum an Schwierigkeiten zu schwärmen. Und er sagte, er werde Ela alle Unterschriften geben, die sie für die

Reise bräuchte. Leider konnten sich beide Männer an ihre Versprechen später nicht mehr erinnern. Darum musste Ela noch ein ganzes Jahr warten, bis sie von ein paar Studenten, die sie nicht kannte, in die kasachische Steppe mitgenommen wurde.

Ela hatte zuerst Angst vor der Steppe, die für sie ein Meer ohne Grund war. Soweit man gucken konnte, lag überall trockenes Gras. Tote Disteln wurden von einem leichten Wind hin und her bewegt und knisterten unheimlich, oft in der Nacht, wenn der schwarze Himmel, voll mit unbekannten, grellen Sternen, auf den Boden zu kippen drohte. Aber dann passierte etwas Überraschendes: Als Ela einmal allein unter diesem riesigen schwarzen, hell funkelnden Tuch eingeschlafen war und nachts wieder aufwachte, erfüllt vom Gefühl unendlicher Sicherheit, deren Ursache sie sich zuerst nicht erklären konnte, wusste sie plötzlich, dass sie an diesen Ort bald wiederkommen musste. Danach dachte sie noch lange an Mamulja und an Papa. Sie dankte dem Schicksal, dass sie bis heute am Leben und gesund waren, trotz des Kriegs und »denen da oben«. Als sie merkte, dass sie solche verbotenen Gedanken vorher nie gehabt hatte, wurde ihr klar, dass es dieser riesige, endlose Grund der Steppe unter ihr sein musste, der sie so selbstsicher und furchtlos machte.

Im Sommer darauf – es war der letzte vor ihrem Diplom – fuhr sie dann mit ihren neuen Freunden in die ehemalige Kalmückische Republik, wo sie die Vegeta-

tion kartografieren und die letzten, von der Partei noch nicht umgesiedelten Kalmücken befragen mussten. Die Einheimischen sollten ihnen erzählen, wo es alte Wasserquellen gab, wo die Winter- und Sommerweiden für ihre abgemagerten Ziegen lagen. Die Expedition hing mit dem Wolga-Don-Kanal zusammen, über den alle ständig redeten. Ela war offenbar die Einzige von ihren Freunden, die keinen Stolz dabei verspürte, bei Stalins wagemutigem Projekt mitzumachen, aber das erzählte sie natürlich niemandem. Es wäre für sie zu gefährlich gewesen.

Sie waren schon mehrere Wochen unterwegs und mussten manchmal mit ihrem alten, ständig kaputten Militärlastwagen zweihundert Kilometer zurücklegen, um von einer Kreisstadt zur nächsten zu kommen, als sie einen sehr alten Mann mit einer zu großen Schirmmütze und verfaulten Zähnen trafen. Er lebte mit seinen Leuten in einem kleinen grauen Häuschen mitten in der Steppe und wollte ihnen alles erzählen, was er über seine Gegend wusste, was auf keiner Karte stand und in keinem Buch. Er hatte gerade angefangen zu sprechen, als hinter ihm ein weißer Pilz wie aus dichtem Nebel in den Himmel aufstieg und in der Luft hängen blieb. Ela und die anderen wussten nicht, was es war. Der Alte sagte nur, das gäbe es hier oft, darum würden er und seine Familie auch bald weggebracht werden. »Wir hören aber nie eine Explosion«, murmelte er zwischen seinen zur Hälfte herausgefallenen braunen Zähnen,

»so weit weg ist das alles. Wir haben trotzdem jedes Mal Angst, wenn es wieder passiert.«

Ela und die anderen guckten sich zwei-, dreimal stumm an. Sie standen schnell auf und liefen zu ihrem Laster. Beim Wegfahren drehten sie sich um. Der über der Steppe hängende riesige weiße Pilz färbte sich in der neigenden Sonne rot. Da hörte Ela plötzlich auf, die Steppe zu lieben, und bekam schreckliche Angst, dass der weiße Pilz nie mehr aus ihrem Leben verschwinden würde.

Das war im Sommer 1957.

12.

Als meine Mutter zu ihrer allerersten Lesung aus ihrem einzigen Buch nach Berlin kam – der Termin in Hamburg in der Nelly-Sachs-Loge war erst danach –, durfte sie im teuren Savoy in der Fasanenstraße wohnen, wahrscheinlich, weil sich die Rowohlt-Leute viel von ihr versprachen, auch wegen mir. Das war im November oder Dezember 2006, es war schon sehr kalt, und es fiel seit Tagen dichter nasser Schnee. Ich holte sie oben in ihrem Zimmer ab, ich glaube, es war sogar eine Suite, und ich weiß noch, dass mir sofort ihre perfekt toupierten schwarzen Haare auffielen. Sie färbte sie schon seit Jahren, damit sie, wie sie sagte, »nicht wie die anderen alten Weiber mit ihren grauen Skalps« aussah.

Auch diesmal wirkte sie viel jünger, als sie war, nicht mehr vierzig, aber auch noch keine fünfzig. Dazu passten ihr enger schwarzer Lederrock, die glänzenden, ziemlich hohen Pumps auf gefährlich dünnen Absätzen und der weite schwarze Blazer von Armani oder Jil Sander, den sie sich von ihrem Vorschuss gekauft hatte. Nur das schwere, süße, aber nicht wirklich unangenehme Parfum, das man überall in ihrem Zimmer im Savoy roch, erinnerte mich daran, dass sie fast siebzig war und das erste Mal noch in der alten Sowjetunion darüber nachgedacht hatte, wie eine Frau aussehen, gehen, denken sollte. Sie gab mir einen Kuss, nahm mich in beide Arme, dann gab sie mir einen zweiten Kuss, und während ich viel zu tief das Parfum einatmete und mir plötzlich der Name einfiel – *Krasnaja Moskwa,* Rotes Moskau auf Deutsch –, sagte sie: »So. Fertig. Lass uns zu meiner Hinrichtung gehen.«

»Es wird bestimmt gut«, sagte ich und dachte, wo kriegt sie heute noch dieses gepanschte sowjetische Zeug her?

Die Geschichte über den Atombombenversuch, den sie mehr als fünfzig Jahre vorher in der kasachischen Steppe gesehen hatte, las meine Mutter an diesem Abend ganz zum Schluss, sie hieß *Der weiße Pilz.* Vorher betete sie, so kam es mir vor, das halbe Buch herunter, das Rowohlt aus dem Russischen ins Deutsche hatte übersetzen lassen. Das war ziemlich gut gemacht, wie ich fand, aber nicht so gut, dass Deutsche begreifen würden, wie nah die Sprache meiner Mutter an der Sprache von Tschechow oder Zwetajewa war. Mama war das völlig egal. Sie konnte nicht aufhören zu lesen. Und obwohl die junge, fast unsichtbare blonde Frau vom Literaturhaus, die neben ihr auf der Bühne saß und sich in ihrem grauen Kleid wie ein Käfer in einer dunklen Holzspalte versteckte, immer öfter auf die Uhr guckte, machte Mama einfach weiter. Sie las langsam, vorsichtig, als fürchte sie jedes deutsche Wort, das nun wie für immer ihren

Mund verließ, und ab und zu schlichen sich in ihren Vortrag halbe oder ganze russische Sätze ein, was sie selbst nicht bemerkte. »Soll ich weiterlesen?«, sagte sie, wenn eine Geschichte zu Ende war, und die Leute im Saal – viele ältere Frauen, ein paar Studenten und die halbe Berliner jüdische Gemeinde – konnten nicht anders, als leise Ja zu rufen. Nach fast zwei Stunden konnte sie aber selbst nicht mehr, was wahrscheinlich nur ich an ihrem fast unsichtbar gequälten Lächeln und den ungewohnt steinernen Gesichtszügen erkannte. Außerdem war sie in dem eisigen Halogenlicht des Literaturhauses plötzlich wie Dorian Gray um Jahrzehnte gealtert. Trotzdem musste sie sich jetzt noch kurz mit der Unsichtbaren neben ihr unterhalten. Als die sie fragte, wie lange sie schon schreibe, wachte Mama wieder auf.

»Mein ganzes Leben«, sagte sie.

»Sie sind jetzt neunundsechzig«, sagte die andere.

»Achtundsechzig«, unterbrach meine Mutter sie mit einem so unehrlichen wie süßen Lächeln.

»Werden Sie weiterschreiben?«

Meine Mutter dachte nach – nicht zu lange, aber trotzdem lang genug, damit jeder in dem niedrigen, stickigen Saal begriff, dass ihr die Antwort auf diese Frage zwar schwer fiel, aber auch wichtig war. »Das müssen Sie das Schicksal fragen«, sagte sie endlich, und ihr starker russischer Akzent ließ diesen Satz noch pathetischer klingen, »das Schicksal wollte ja auch, dass ich erst so spät mein erstes Buch veröffentliche.« Danach wieder ihr explosionsartiges Lachen.

Als ich sie später wieder zurück ins Hotel brachte – sie musste noch in sehr viele Bücher ihre riesige, ausladende Unterschrift schreiben, aber auf das Abendessen unten im lauten Café des Literaturhauses hatte sie keine Lust –, hakte sie sich bei mir fest ein, weil sie so erschöpft war und weil immer noch überall sehr viel Schnee lag und sie immer wieder mit ihren Absätzen darin versank. Die Bürgersteige waren zwar geräumt worden, aber eine dicke, feste Schneedecke war geblieben. Ich fand es sehr schön, wie sich die Lichter der Schaufenster darin spiegelten.

Wir gingen langsam die Fasanenstraße hinunter, ohne zu reden, dann kam der Ku'damm, wo wir sehr lange an einer Ampel warten mussten. Als wir endlich auf der anderen Seite waren, sagte ich: »Schreibst du weiter oder nicht?«

»Ich lese gerade«, sagte sie, »ich lese das Buch, das die Tschukowskaja über Achmatowa geschrieben hat.«

»Memoiren?«

»Es sind die Seiten aus ihrem Tagebuch, wo es um die letzten Monate vor dem Krieg geht. Sie gehen durch Leningrad spazieren, sie warten auf den Krieg, sie diskutieren über Puschkin und Kusmin, sie reden über Achmatowas Krankheiten. Und sie fragen sich, ob es Stalins Idee war, ihr nach fünfzehn Jahren wieder zu erlauben, ein Buch mit ihren Gedichten zu veröffentlichen.«

»Fünfzehn Jahre«, sagte ich, »das ist ewig.« Ich stellte mir vor, wie es für mich wäre, so lange nicht zu wissen, was aus mir wird.

»Ich habe noch länger gewartet«, sagte meine Mutter und rutschte dabei leicht auf dem Schnee weg. Während ich sie festhielt und wieder zu mir zog, sagte sie lachend: »Aber bei mir hatte es nichts mit Stalin zu tun.«

Bitte nicht, dachte ich, bitte jetzt nicht über meinen Vater sprechen, denn jede Sekunde, in der ich an ihn nicht denken musste, war für mich ein Geschenk.

»Einmal gingen sie an der Fontanka entlang«, sagte meine Mutter, »am Zirkus und am Ingenieurschloss, und Achmatowa schimpfte die ganze Zeit auf Leningrad. Zu viel Platz, sagte sie, zu viel Leid.«

»Aha …«

»Und einmal schimpfte sie fürchterlich auf Tolstoi. Sie hasste ihn wegen *Anna Karenina*. Weil es dort immer nur darum geht, dass eine selbstständige Frau eine bessere Prostituierte ist, sagte sie. Verstehst du?«

»Ja, Mama.«

Wir standen an der Ecke Fasanenstraße und Kantstraße, und obwohl die Fußgängerampel schon gelb war, gingen wir, so schnell sie konnte, auf die andere Seite. Als wir kurz darauf das Savoy erreichten, war fast das ganze Hotel dunkel. Im leeren Frühstücksraum, wo die Tische für den nächsten Tag schon weiß gedeckt waren, brannten nur ein paar kleine Tischlämpchen, und in der Bar links neben dem Eingang war auch niemand. Nur eine Kellnerin stand allein hinter der Bar und verschwand im Halbdunkel wie eine gequälte Edward-Hopper-Figur.

»Bist du glücklich in Berlin?«, sagte meine Mutter, während ich mich zu ihr, dieser immer kleiner und schöner werdenden alten Frau, hinunterbeugte, um sie zum Abschied zu küssen.

»Mama«, sagte ich, »das hatten wir schon.«

Jetzt küsste sie mich und umarmte mich fest. »Ich höre nicht auf zu schreiben, *synok*«, sagte sie, »mach dir keine Sorgen.«

»Natürlich nicht«, sagte ich.

»Ich habe aber nicht mehr viel Zeit.«

»Warum sagst du das?«

»Danke«, sagte sie, »ohne dich wäre es nie passiert.« Dann ging sie rein, es begann wieder zu schneien, und ein Vorhang aus dichtem Schnee schloss sich hinter ihr und dem Savoy.

Mama verkaufte von ihrem ersten und letzten Buch fast sechstausend Exemplare. Das war sehr gut, damit hatte sie sich ihr Zimmer im Savoy wirklich verdient. Und es gab auch ein paar gute Rezensionen. Die Kritik in der Süddeutschen ging über eine halbe Seite, dort stand, dass sie mehr Sinn für die Poesie der Biografie habe als ich, oder so ähnlich. Kurz darauf klingelte Martha, die Nachbarin von oben, an unserer Tür in der Bieberstraße. Kaum hatten sich die beiden zum Tee in der Küche hingesetzt, fragte sie meine Mutter, ob sie für den NDR einen Film über sie machen dürfe. Sie würden zusammen auch nach Odessa und Moskau fahren, versprach sie, und vielleicht sogar in die kasachische Steppe. Fünfundvierzig Minuten, gute Sendezeit, meine Mutter müsse einfach nur Ja sagen. »Ach so«, sagte sie zum Schluss, »und gut wäre es auch, wenn dein Sohn mitmachen würde, liebe Aljona.«

Als meine Mutter mir noch am gleichen Abend davon aufgeregt am Telefon erzählte, sagte ich sofort Nein. Warum eigentlich?

13.

Gleich wegen der ersten Demonstration, die Lassik organisierte, verlor mein Vater seinen oberen linken Schneidezahn. Er bekam nach einem halben Jahr in der staatlichen Stomatologischen Klinik von Odessa einen neuen, der aus strahlendem sowjetischen Gold war, aber später, in Hamburg, ließ er sich von dem ersten Geld, das er bei Brinkmann in der Spitalerstraße verdiente, lieber einen unauffälligen Keramikzahn einsetzen. Lassik, Papa und die andern – alle sehr jung, nur Männer und für damalige Zeiten extrem bärtig – hatten sich irgendwann Ende Oktober 1965 vor einen kleinen grauen Gedenkstein an der südlichen Peripherie von Odessa gesetzt, auf dem stand, dass an dieser Stelle »25000 Sowjetbürger von den nazistischen Bestien« umgebracht wurden, und dabei hatten sie immer wieder laut gerufen: »Es waren keine Sowjetbürger, es waren Juden!« Sofort kamen die stummen Riesen von der Miliz angelaufen und ließen ihre langen schwarzen Schlagstöcke fliegen. Mein Vater war der Einzige, der es schaffte, mit blutüberströmtem Gesicht und darum kurz wie blind, wegzulaufen. Alle anderen bekamen zwischen zwei und fünf Jahren Lager, mein Vater ging aber weiter in die Universität, machte seine Prüfungen und gründete seine zionistische Diskussionsgruppe.

»Du hast es damals richtig gemacht«, sagte Lassik oft zu meinem Vater, wenn wir in den siebziger Jahren bei ihm im Abendrothsweg in der Küche saßen, »ich hätte auch weglaufen sollen.«

»Du hast es versucht«, sagte mein Vater, »aber du warst schon immer zu dick und zu langsam.«

Sie lachten beide, ich lachte natürlich auch, obwohl ich als Junge das Ganze noch nicht richtig verstand, nur meine Mutter saß stumm und ernst daneben, jedenfalls so lange, wie sie in den Abendrothsweg mitkam.

Einmal sagte sie aber doch etwas. Sie drehte sich zu meinem Vater, lächelte ihn so falsch an, wie man nicht einmal einen fremden Menschen anlächelt, und flüsterte: »Schade, dass sie dich damals nicht gekriegt haben, Gena. Dann wäre Mischa und mir sehr viel erspart geblieben, auch dieses verdammte Deutschland.«

Als ich das hörte, stand ich schnell auf und fragte, ob ich im Wohnzimmer Fernsehen schauen dürfte.

»Du kannst ruhig hier bleiben«, sagte meine Mutter, »jetzt wird es interessant, auch für dich.«

»Natürlich, guck so viel du möchtest«, sagte Lassik fast gleichzeitig. Wie immer lachte sein Mund, aber seine Augen tränten, als würde er gleich weinen oder als sei er ziemlich krank, das konnte man nie so genau unterscheiden.

Ich guckte fragend meinen Vater an, der damals noch seine dicke schwarze russische Hornbrille hatte und mit den dichten, langen Koteletten und wild zugewachsenen Geheimratsecken wie jeder zweite osteuropäische Emigrant aussah. Aber er schwieg.

»Hör dir nur ruhig alles an, Mischenka«, sagte meine Mutter wieder zu mir.

»Die Fernbedienung liegt im Regal bei den Karten«, sagte Lassik.

»Du bleibst hier«, sagte Mama jetzt strenger.

»Wer seine eigene Frau versteht, hat Pech in der Liebe«, zitierte Lassik offenbar einen von seinen tausend Aphorismen.

Mein Vater sagte noch immer nichts. Er faltete seine Serviette immer wieder zusammen und auseinander und wieder zusammen, aber als meine Mutter noch mal sagte, ich solle da bleiben und mir anhören, wie er ihr Leben mit seinem ewigen Zionisten-Unsinn zerstört hätte, nahm er sein Glas und schüttete ihr den Rest seines Wassers ins Gesicht. »Komm endlich zu dir«, sagte er, »und lass Mischa damit in Ruhe.« Sie wischte sich wortlos mit ihrer Serviette das Gesicht ab und ging ins Nebenzimmer – es war Lassiks Arbeitszimmer mit den deckenhohen Bücherregalen an allen Wänden, dem riesigen englischen Schreibtisch neben dem Fenster und einer kleinen Schlafcouch –, wo sie minutenlang leise weinte. Sie verstummte erst, nachdem Lassik zu ihr gegangen war, kurz darauf hörte ich sie sogar ein bisschen zu laut und verlegen lachen, und ich setzte mich wieder an den Küchentisch. Mein Vater schüttelte den Kopf, mehr nicht, er sagte kein

Wort, und als er mich wie zufällig mit dem Blick streifte, kam er mir vor wie ein fremder Mann, der versucht, in der U-Bahn an einem vorbeizuschauen.

Dabei fällt mir ein: Die verrückteste Sache, die sich mein ruhiger, immer etwas zu kühler Vater wahrscheinlich jemals ausgedacht hat, war die Besetzung der Kommunistischen Parteizentrale von Odessa. Das war in der Zeit, als Lassik nicht mehr täglich irgendwo hinter dem nördlichen Polarkreis um sein Leben kämpfte, sondern in Hamburg lebte, als Schützling des deutschen PEN-Clubs und Lieblingsdissident der Springer-Leute, und vielleicht wollte Papa endlich auch einfach nur weg aus Russland. Jedenfalls hatte er sich eines Tages zusammen mit seinen Jungisraeliten fast acht Stunden in der Kantine der Parteizentrale am Kulikowo Polje eingeschlossen und auf Plakaten in Russisch und Englisch den längsten Hungerstreik aller Zeiten versprochen, sollte man ihnen nicht erlauben, nach Israel auszureisen. Dass ihnen nichts passiert ist, vor allem Papa nicht, keine Verhaftung, kein Lager, kein zweiter kleiner unauffälliger Giftanschlag, ja, dass sie nicht einmal verhört wurden, war natürlich ein Wunder. Aber es hatte auch damit zu tun, dass es in den USA inzwischen die AJCSJ gab, die American Jewish Conference on Soviet Jewry, die Leuten wie meinem Vater immer wieder das Leben rettete.

Auf dem einzigen Foto, das ich von dem Sit-in kenne, sieht man ihn – damals noch so bärtig und langhaarig wie John Lennon oder Tolstoi – im

Gespräch mit einem Mann um die vierzig, dessen schmal geschnittener westlicher Anzug, glatt rasiertes Gesicht und militärisch kurze Haare so wirken, als sei er ein berühmter CBS-Reporter oder jemand von der amerikanischen Botschaft in Moskau. Oder eben ein wichtiger AJCSJ-Mann. Das Foto war neben einem Artikel in der Welt vom 2. Januar 1971 abgedruckt, den ich während meines Studiums in der Münchener Staatsbibliothek zufällig entdeckt und mir fotokopiert habe. Dort stand, dass eine Gruppe junger sowjetischer Juden bei einer spektakulären Aktion die Ausreise in ihre historische Heimat gefordert habe. Drei Monate später waren wir dann tatsächlich draußen.

»Deine Mutter hat recht«, sagte mein Vater, nachdem ich mich wieder neben ihn an den Küchentisch gesetzt hatte, »es ist nichts so geworden, wie es werden sollte.«

Jetzt fing ich an, mit meiner Serviette zu spielen. Dabei dachte ich an das Tor, das ich vor ein paar Tagen beim Fußball in der Schule geschossen hatte – Flanke von rechts, ich Volley mit links in die obere rechte Ecke –, ich dachte an dieses lustige Mädchen bei uns in der Klasse, das bei der Klassenfahrt nach Föhr einmal die Toilettentür nicht abgeschlossen und laut geschrien hatte, als ich zufällig reinkam, ich dachte an das Buch, das ich gerade angefangen hatte auf Deutsch zu lesen, *Verlorene Illusionen* von Balzac, das ich kaum verstand, aber sehr mochte. Wann hört das alles hier wieder auf, dachte ich dann, warum mögen sie sich nicht, obwohl sie mich beide so lieben? Mein Vater legte seine Hand auf meinen Arm, was er sonst nie machte, er nahm mir die Serviette weg und sagte: »Ich erzähl dir, wie alles angefangen hat, Mischa, in Ordnung?«

»In Ordnung«, sagte ich und nickte und dachte, er soll mich bloß in Ruhe lassen.

Alles fing – für Lassik, meinen Vater und die anderen – am 21. Oktober 1941 an, als die Deutschen und Rumänen jeden Juden von Odessa, den sie finden konnten, in die verlassenen Baracken des alten Munitionslagers am Tolbuchinplatz hineintrieben, die Baracken mit Benzin übergossen und anzündeten. Einer der wenigen, der das überlebte, war ausgerechnet mein melancholischer armenischer Großvater, den die neuen Herren bei ihrer Treibjagd auch eingesammelt hatten, weil sie ihn für einen Juden hielten. Er sprang durch ein Loch in der brennenden Baracke nach draußen und irrte halb verbrannt stundenlang durch die Gegend, bis er, wie er uns später erzählte, zum Zweiten Jüdischen Friedhof in der Lustdorfskaja kam, über die Mauer kletterte und dort einschlief. Als er zwei Tage später steif vor Kälte aufwachte, erinnerte er sich an die vielen Bilder, von denen er geträumt hatte, sie hingen alle in einem großen alten Museum, und es tropfte aus ihnen Blut. Darum – und nur darum – wurde er später Maler.

Und warum war für die Demonstranten vom Tolbuchinplatz der 21. Oktober 1941 so wichtig? Dass die Kommunisten nach dem Krieg so taten, als wären bei der Verbrennung der Juden von Odessa gar keine Juden verbrannt worden, sondern lauter brave Sowjetbürger, war eigentlich nichts Besonderes in einem Land, in dem man keine Juden mehr haben wollte. Nur wieso, fragten sich Lassik, mein Vater und alle anderen Refuseniks immer öfter, stand trotzdem in ihren Pässen bei Punkt 5 »Nationalität: Jude«? Darauf gab es für sie bloß eine Antwort: Ende des großen kommunistischen Traums, den die Gojim schon immer ohne uns träumten, und Anfang von etwas Eigenem, Neuem.

»Als der Sechstagekrieg losging«, sagte mein Vater dann auch noch an diesem dunklen Hamburger Januarnachmittag voller Überraschungen und Tränen, »saßen wir alle zu Hause an unseren *Spidola*-Radios und hörten von morgens bis nachts über Kurzwelle die Stimme Israels. Und als er zu Ende war und Israel das zweitgrößte Pogrom des 20. Jahrhunderts abgewehrt hatte, rannten wir ins alte Jiddische Theater, sangen dort alle zusammen hundertmal *Am Israel Chai* und tanzten, bis wir nicht mehr konnten. An diesem Tag beschlossen wir, dass wir nur noch so leben wollten, wie wir wollten. Dass wir es nicht erlauben würden, dass unsere Toten vergessen werden.«

»Fängst du schon wieder mit deinem Israel-Gefasel an?«, hörte ich plötzlich meine Mutter sagen, die in diesem Moment zusammen mit Lassik wieder in die Küche reinkam. Lassik ging hinter ihr – ernst, fast ein bisschen traurig, ohne sein ewiges depressives Lächeln –, und als sie sich setzen wollte, zog er wie ein Kellner in einem guten Restaurant ihren Stuhl zurück. Aber sie blieb stehen und sagte: »Ich will sofort nach Hause.«

»Eins verstehe ich nicht, Papa«, sagte ich zu meinem Vater, als wären wir noch immer allein, »und warum leben wir jetzt unter alten Nazis?«

»Keine Ahnung, Mischenka«, sagte er, »wirklich, keine Ahnung.«

Dann schwiegen wir alle lange.

Am nächsten Tag erzählte meine Mutter meinem Vater, was Lassik in seinem Arbeitszimmer zu ihr gesagt hatte – und dass sie nie wieder zu ihm gehen würde. Er widersprach ihr nicht, aber er sagte auch kein schlechtes Wort über den ältesten Freund, den er hatte und der immer noch da war.

14.

Während ich schreibe, merke ich, dass das idiotische Jucken auf meiner Brust und meinem Hals wieder anfängt. Ich werde versuchen, es diesmal zu ignorieren, aber ich bin mir nicht sicher, ob ich es schaffe. Ich kenne das schon. Zuerst kratze ich mich nur ein bisschen, vergesse es wieder, kratze mich noch mal. Dann kratze ich mich immer öfter, ich stehe vor dem Spiegel im Flur, ich schaue die geröteten Stellen auf meiner Haut an, gehe näher heran, entdecke an mehreren Stellen einen Ring von vielen kleinen dunkelroten Punkten und in der Mitte einen großen Punkt, der mehr wie eine verkrustete Wunde aussieht – und erschrecke mich plötzlich. Obwohl ich weiß, wie es gleich weitergehen wird, knöpfe ich das Hemd zu und gehe zurück zum Schreibtisch. Ich versuche eine Weile weiterzuarbeiten, aber das geht leider nicht, weil ich nicht aufhören kann, mich zu kratzen, und keinen einzigen klaren Gedanken mehr habe. Irgendwann gehe ich – in der Brust ein panisches Pochen und Brennen – zurück in den Flur. Ich stelle mich wieder mit offenem Hemd vor den Spiegel, sicher, dass in der letzten halben Stunde noch mehr kleine und große Punkte dazugekommen sind – und dann habe ich plötzlich das Telefon in der Hand und wähle die Nummer meines Arztes.

Das erste Mal hatte ich diese Sache im Sommer vor drei Jahren, in diesem besonders heißen Sommer, als eine seltene afrikanische Mückenart in Deutschland einfiel und meine Mutter anfing zu sterben. Ich war gerade in Hamburg und bemerkte gleich am ersten Abend im Hotel vor dem Schlafengehen, dass es mich an mehreren Stellen juckte, aber das war mir zuerst egal, weil ich dachte, das wären normale Mückenstiche. Ich war jetzt immer im Vier Jahreszeiten – in der Bieberstraße konnte ich nicht mehr übernachten, weil in meinem alten Zimmer jedes Mal ein andere stumme, traurige Frau aus Polen, Moldawien oder der Ukraine schlief –, und ich fuhr jeden Morgen mit dem Bus oder mit dem Taxi zu meiner Mutter.

Wenn ich mit dem Bus kam, ging ich langsam den Grindelhof hinunter, vorbei am Abaton-Kino, wo ich ganz früher solche Filme wie *Alice's Restaurant* und *Im Reich der Sinne* gesehen hatte, mit dem großen leeren Platz daneben, auf dem bis 1938 die große Portugiesische Synagoge gestanden hatte. Gleich danach kam auf der rechten Seite die Talmud-Tora-Schule, davor ein kleines graues Polizeihäuschen und eine endlose Reihe niedriger Absperrpoller aus hellgrauem Granit, die die Kinder und Lehrer in dem ziegelsteinroten wilhelminischen Riesen vor Anschlägen mit Autobomben schützen sollten.

Dann sah ich auch schon, gegenüber von der Ecke Grindelhof und Bieberstraße, die an diesem heißen Sommervormittag voll besetzten Tische und

Stühle vor dem Café Abigail, das, wie meine Mutter mir immer stolz erzählte, ein jüdisches Café war. Auf der Karte gab es wirklich Schakschuka, Falafel, Hühnerbrühe – aber auch gebratene Calamari, Halloumi und Hamburger. In den dunkelbraunen Regalen des Cafés standen Bücher von Kisch, Zweig und Wassermann, von Robert Schindel, Barbara Honigmann und mir, und das Buch meiner Mutter hatten sie natürlich auch. Immer wenn ich im Abigail war, guckte ich nach, ob es nicht einer ihrer Fans gestohlen oder wenigstens beim vielen Lesen Kaffeeflecken darauf gemacht hatte, und irgendwann war es wirklich weg. Außerdem gab es ab und zu in einem düsteren Hinterzimmer einen Vortrag oder eine Lesung, wobei es immer um Juden ging, Juden damals, heute und morgen. Das Hinterzimmer hatten die Leute von der Nelly-Sachs-Loge gemietet, einer kleinen Gruppe alter Hamburger Juden und junger Hamburger Gojim, die eigentlich immer nur das machten, was Martha, Mamas Nachbarin aus dem zweiten Stock, als Gründerin und Präsidentin der Loge wollte.

Meine Mutter erwartete mich, so wie meistens, auf dem großen roten Sofa im Wohnzimmer, wo es auch am Tag, auch im Sommer, so dunkel war, dass sie die beiden Stehlampen neben dem Sofa anmachen musste. Das lag vor allem daran, dass sich inzwischen ein riesiger Ficus oder Gummibaum oder etwas Ähnliches mit seinen schweren Blättern vor die Fenster gedrängt hatte. Die Tür hatte mir eine der Frauen aufgemacht, die seit einer Weile wegen ihr da waren. Sie ging nach einem kurzen, stillen Guten Tag sofort wieder nach hinten in mein altes Zimmer, wo sie sich aufs Bett legte und mit ihrem riesigen Samsung- oder Huawei-Telefon jemanden in Kischinjew oder Gdansk anrief. Mama saß auch heute Vormittag vor dem laufenden Fernseher und guckte irgendetwas auf Russisch, wahrscheinlich eine Talkshow, bei der sehr viel geschrien wurde, oder eine Singleshow. Oder ihre Lieblingssendung, in der Kinder, angezogen und geschminkt wie Erwachsene und so steif wie aufgezogene Puppen, berühmte alte und neue russische Schlager sangen, die ich alle nicht kannte.

Ich beugte mich zu Mama herunter und küsste sie auf die Wange. Sie legte ihre schwachen Arme um mich, und ich bemerkte jetzt erst, dass sie sich noch gar nicht richtig angezogen hatte und in ihrem schweren dunkelbraunen Schlafrock da saß, die kurzen, schwarz gefärbten Haare nur sehr schlecht gekämmt und am Hinterkopf auch ein bisschen durcheinander. Sie roch so süß wie immer, aber auch noch irgendwie anders, bitterer. Bevor ich mir darüber Gedanken machen konnte, was das für ein Geruch war, zeigte sie auf einen Stapel mit handgeschriebenen Briefen und getippten Manuskriptblättern, der vor ihr auf dem niedrigen Couchtisch lag, direkt neben der langen weißen Plastikschachtel mit ihren vielen Tabletten.

»Ich habe einen alten Brief wiedergefunden, den dir dein Großvater aus Odessa geschickt hat«, sagte sie und machte den Ton des Fernsehers aus, »du warst damals zwölf. Ich hab ihn so lange für dich aufbewahrt. Soll ich ihn dir vorlesen?«

»Später, Mama«, sagte ich.

»Ich muss ihn dir vorlesen! Er ist mit der Hand geschrieben, das kannst du nicht lesen. Wer soll ihn dir sonst vorlesen, wenn ich nicht mehr da bin?«

Ich holte tief Luft – erschrocken, aber es klang vermutlich so, als sei ich genervt. »Später, Mama, ich bin doch noch gar nicht angekommen.«

»Wie du willst«, sagte sie und machte wieder den Ton an. Ein kleiner Mann in einem engen blauen Anzug stand mit seinem Mikrofon vor einem viel größeren, dickeren Mann, der ihm wütend erklärte, warum alle Ukrainer Faschisten seien.

»Wie kannst du das gucken?«, sagte ich.

»Ich bin nicht dumm«, sagte sie, »ich kann immer noch unterscheiden, wann etwas wahr ist und wann sie lügen.«

»Nein, das kannst du nicht.«

»Willst du etwas anderes gucken?«

»Ich weiß nicht … Nein, ich glaube nicht.«

»Es gibt jetzt eine gute Serie über Jewtuschenko und die Achmadulina und die andern.«

»Ja, vielleicht.«

»Jetzt gleich?«

»Ich muss kurz ins Bad«, sagte ich.

Ich stand schnell auf und ging den langen dunklen Flur hinunter, fast bis zu meinem alten Zimmer mit der telefonierenden Pflegerin. Kaum hatte ich im Bad die Tür hinter mir zugemacht, knöpfte ich mein Hemd auf und fing an, mich überall dort zu kratzen, wo die Haut schon rot war. Tödliche afrikanische Mücken, Panik oder beides? Als ich endlich genug hatte, machte ich das Hemd langsam zu und setzte mich erschöpft auf den Rand der Badewanne. Dabei sah ich, dass in der Badewanne ein kleiner weißer Plastikhocker stand. Neben der Dusche gab es jetzt mehrere neue Griffe aus blitzendem, wie unbenutztem Chrom, auf dem Spiegelschrank über dem Waschbecken lagen Windeln. Ich machte erschrocken die Augen zu und versuchte mich zu erinnern, an welcher Stelle des neuen Buchs ich aufgehört hatte zu schreiben, bevor ich nach Hamburg gefahren war. Wann immer ich beim Schreiben eine Pause machte, musste ich nämlich unbedingt wissen, wie es weitergehen würde, damit ich keine Angst vor dieser Pause hatte.

In dem neuen Roman ging es – es wurde auch langsam Zeit – mehr oder weniger um meinen Großvater, der hier aber kein Armenier war, sondern Jude, kein Maler, sondern ein KGB-General kurz vor der Rente. Das bis jetzt letzte Kapitel, das ich geschrieben hatte, endete damit, wie hinter dem Helden, als er noch ein Kind war, und ein paar anderen Juden von Odessa eine Barackentür zugesperrt wurde und wie sie das Klatschen und Spritzen von Wasser an den Außenwänden der Baracke hörten, ohne zu verstehen, dass es kein Wasser war, sondern Benzin.

Als nächstes sollte, das wusste ich schon ungefähr, eine Szene auf dem Flughafen von Odessa kommen, dreißig Jahre später, wo sich der halb erfundene Großvater für immer von seiner Tochter, ihrem Sohn und ihrem meschuggenen Refusenik-Mann verabschiedete. Dabei würde er seiner Tochter eine Rolle mit Dollars und längst verfallenen deutschen Reichsmark-Banknoten zustecken und flüstern: »Das habe ich damals einem toten deutschen Soldaten aus den Taschen gezogen. Ich hoffe, das werden dir die verdammten Kapitalisten umtauschen!« Ja, dachte ich, genau, so könnte es wirklich weitergehen, das sollte ich mir unbedingt merken, solange ich wegen meiner Mutter unterwegs war und nicht arbeiten konnte. Ich riss erschrocken die Augen auf, sprang vom Badewannenrand hoch und stürzte zur Tür. Ich muss so schnell wie möglich zurück nach Berlin, dachte ich, sonst verliere ich noch für immer den Faden!

Als ich mich kurz darauf im Wohnzimmer wieder neben meine Mutter aufs Sofa setzte, merkte ich erst nach ein paar Augenblicken, dass sie eingeschlafen war. Sie machte, ohne sich zu bewegen, die Augen auf und sagte: »Ich habe eine neue Geschichte geschrieben. Es geht um Martha und ihre böse jüdische Mutter. Soll ich sie dir vorlesen?«

Ich dachte nach – ich dachte wirklich nach –, und

dann sagte ich: »Nein, lieber den Brief von meinem Großvater.«

»Gut«, sagte sie. Sie machte die Augen zu und schlief weiter.

15.

Martha Neustadts Mutter Jeanette war ein elternloses jüdisches Mädchen, das im Krieg von einem schwäbischen oder vielleicht auch von einem hessischen Ministerialbeamten versteckt wurde, das weiß ich nicht mehr genau. So lange sie von ihm noch nicht schwanger war, schlug er sie fast jede Nacht mit einem abgeschnittenen Gartenschlauch auf den Bauch oder auf den Rücken und holte sich dabei einen runter. Nachdem Martha geboren wurde, machte er weiter, wo er angefangen hatte. Jeanettes Unglück endete erst, als er am letzten Kriegstag ein paar Stunden zu früh am Rathaus seiner Stadt eine weiße Fahne aufhängte, um die schnell vorrückenden Amerikaner zu begrüßen, worauf er von seinem Vorgesetzten erschossen wurde.

Als Kind und später auch noch als junge Erwachsene musste Martha Neustadt – Mamas Nachbarin aus dem zweiten Stock, richtig – immer bei ihrer Mutter Jeanette im Bett schlafen. Die Mutter umarmte sie dabei fest von hinten und blies ihr oft stundenlang ihren heißen, unregelmäßigen Atem in den Nacken oder ins Ohr. Manchmal wachte die Mutter auf und schrie kurz, mit einer tiefen, nicht ganz menschlichen Stimme, danach schlief sie wieder ein, aber Martha blieb bis zum Morgen wach.

Damals lebten die beiden noch in der schwäbischen oder hessischen Stadt, in der Jeanette aufgewachsen war, und wo sie im Bett des sadistischen NSDAP-Mannes den Weltuntergang überlebt und 1943 oder 1944 Martha geboren hatte. Die Leute aus ihrem alten Viertel, die am Ende des Kriegs fast alle verstanden hatten, dass Hitler nur ein entlaufener Patient aus einem Irrenhaus war, freuten sich, als sie kurz nach der Ankunft der amerikanischen Soldaten Jeanette – nun mit einem Kinderwagen – auf ihren Straßen, in den Parks und Geschäften wiedersahen. Sie waren meistens sehr freundlich zu ihr, sie fragten sie, wie es ihr ging und ob sie ihr helfen könnten. Nach ihren Eltern fragte sie niemand, keiner wollte wissen, wo sie während des Kriegs war. Und sie selbst wollte auch nichts wissen. Es war ihr egal, was aus den Möbeln, der Sammlung barocker Stiche ihres Vaters oder aus dem Bechstein-Klavier geworden war, auf dem sie viele Jahre Unterricht gehabt hatte, und ihre Eltern, die angeblich in Theresienstadt oder in Auschwitz gelandet waren, suchte sie auch nie.

Irgendwann im Sommer 1945 – es war der heißeste Sommer seit Jahren – lag Jeanette im Schwimmbad der Stadt auf einer großen, noch ganz leeren Wiese und las in der freundlichen Vormittagssonne ein Buch, das sie in der Wohnung ihres bösen Beschützers gefunden hatte, wo sie immer noch wohnte. Neben ihr lag das Baby auf einer Decke und schlief. Manchmal sah sie es kurz hasserfüllt an, aber dann schüttelte sie – wie jemand, der einen unangenehmen Gedanken verscheuchen will – heftig den Kopf und las weiter. Plötzlich tauchte über ihr der Schatten eines Mannes oder einer Frau auf, das wusste sie nicht, weil sie minutenlang weiterlas und hoffte, dass der Schatten wieder verschwinden würde. Aber er bewegte sich nicht und sagte schließlich mit einer tiefen Frauenstimme: »Wir wissen genau, von wem dein dreckiger Wechselbalg ist. Hau ab, solange du noch Zeit hast!« Dann zog sich der Schatten wieder zurück. Jeanette hob erst Minuten später vorsichtig den Kopf. Die Wiese war leer, und sie merkte, dass ihre Beine so heftig zitterten, als gehörten sie nicht zu ihr. »Es wäre besser, er hätte mich damals mit seinem Gartenschlauch totgeschlagen«, flüsterte sie, »dann müsste ich nicht mehr hier sein.«

Seit ich Marthas – und Jeanettes – Geschichte kannte, musste ich oft an Martha denken, meistens, während ich in Hamburg war oder wenn ich nach einem Besuch bei meiner Mutter wieder nach München oder nach Berlin zurückkam. Ich dachte an ihre weiße Bluse, die sie so weit offenließ, dass man den Ansatz ihrer flachen schönen Brüste sehen konnte, an diese roten, glühenden Wangen eines ewigen Mädchens, an den erschrockenen Ausdruck in den schwarzen Augen, an die oft scheinbar gefügig geöffneten Lippen, die immer ein bisschen feucht waren. In Hamburg traf ich sie praktisch jedes Mal – weil sie jahrelang abends mit ihrer eigenen Flasche Rotwein zu meiner Mutter runterkam und erst ging, wenn sie leer war. Sie guckte mit meiner Mutter fern, sie spielten manchmal Backgammon oder Mama versuchte ihr beizubringen, wie man Patiencen legte. Oder sie unterhielten sich über Mamas russische Dichter, die Martha auch alle kannte, über Mamas Erzählungen und literarische Pläne, über die böse Jeanette, wegen der Martha lange keine Jüdin sein wollte, über die Nelly-Sachs-Loge – und über Marthas eigenen Roman, den sie schon mit Anfang zwanzig angefangen hatte zu schreiben.

Von dem Wein – meine Mutter trank natürlich nie mit – wurden Marthas rote Wangen im Lauf des Abends seltsamerweise nicht noch röter, sondern bleicher, bis sie ganz weiß waren. Dann stand sie jäh auf und ging, ohne Aufwiedersehen zu sagen, wieder zu sich nach oben in den zweiten Stock. Wenn ich da war, blieb sie aber oft noch ein bisschen länger. Zuerst wollte sie kaum mit mir sprechen, später antwortete sie mir in immer längeren, gewundeneren Sätzen, wenn ich sie etwas fragte, und rutschte auf dem riesigen Sofa, auf dem wir zu dritt nebeneinander saßen, langsam zu mir. Plötzlich rutschte sie erschrocken wieder weg, und als sie merkte, dass ich das merkte, kam sie noch näher. Vor dem Einschlafen – hinten, in meinem alten Zimmer, in dem neuen breiten Gästebett, das noch meine Eltern zusammen für die vielen Besucher gekauft hatten, die eine Zeitlang immer aus Russland zu ihnen kamen – fiel mir wieder Marthas weiße Bluse ein. Ich dachte an ihre helle, mit nervösen roten Flecken bedeckte Haut, an die Schläge, die sie von ihrer Mutter und ihre Mutter von ihrem deutschen Sadisten bekommen hatte, und dann wollte ich Martha auch verprügeln und dabei mit ihr schlafen.

Wann Jeanette Neustadt angefangen hatte, Martha regelmäßig mit einer abgeschnittenen Wäscheleine zu schlagen, weiß ich nicht genau. War es an dem warmen Tag im Juli oder August 1945, als Jeanette im Schwimmbad ihrer Stadt daran erinnert wurde, dass das nicht mehr ihre Stadt war? Hingen die Schläge mit Jeanettes wiederkehrenden Depressionen zusammen? Oder begann sie erst ihre Tochter zu misshandeln, als Martha nicht mehr mit ihrer Mutter in einem Bett schlafen wollte?

Viele Jahre später – sie waren inzwischen nach Hamburg umgezogen, wo Martha studierte und Jeanette den ganzen Tag zu Hause saß und auf sie wartete – schlug Martha zurück. Nur ein einziges Mal und auch nur leicht, fast zu vorsichtig, aber das reichte, damit Jeanette sie endlich in Ruhe ließ. Als Jeanette am nächsten Tag zu ihr sagte, das hätte sie früher tun sollen, damit sie selbst endlich damit aufhörte, hätte Martha sie am liebsten blau und grün geprügelt. Stattdessen stand sie vom Küchentisch auf, an dem sie wie jeden Abend schweigend zusammen kalte Brote mit Leberwurst, Käse und klein geschnittene Gewürzgurken aßen. Sie ging zu ihrer Mutter, nahm sie in den Arm und sagte: »Mutter, kannst du bitte ein einziges

Mal im Leben weinen?« Aber Jeanette schüttelte nur stumm den Kopf. Ein paar Monate später fuhr am Eppendorfer Baum ein verwirrter Greis mit seinem Mercedes auf den Bürgersteig und beendete damit Jeanettes Qualen. Und auch die von Martha, zumindest ein wenig.

Das alles – und noch viel mehr – wusste ich von meiner Mutter, die mir immer wieder von Martha erzählte. Als sie mich dann auch noch eines Tages gebeten hat, Marthas Manuskript zu lesen und ihr mit einem Verlag zu helfen, merkte ich gleich beim ersten Durchblättern, dass es das Buch ihres Lebens sein sollte, so wie es viele ein Leben lang schreiben. Martha hatte mir fast dreihundert eng bedruckte Seiten mit der Post geschickt, außerdem steckte in dem Kuvert aus braunem dicken Papier eine Postkarte mit Munchs *Schrei,* auf deren Rückseite sie geschrieben hatte: »So wird es mir gehen, wenn du mir sagst, dass ich es vergessen soll, lieber Mischa! Bitte, hilf mir. P. S. Suhrkamp vielleicht?« Nein – leider nicht. Martha erzählte in den gleichen langen, gewundenen Sätzen, die ich von unseren Gesprächen in der Bieberstraße kannte, von einer jüdischen Frau aus der Provinz, die so geworden war, wie sie wurde, weil in Deutschland zwölf Jahre lang Gileads Armee an der Macht war. Die langen Sätze endeten oft im Nichts, kein Kapitel war wirklich zu Ende geschrieben, die Prügelszenen, auf die ich mich sogar ein bisschen gefreut hatte, waren nur vorsichtig angedeutet.

»Es gefällt mir sehr gut«, sagte ich zu Martha, als wir viele Wochen, vielleicht auch erst zwei, drei Monate später telefonierten.

»Ich dachte schon, es hat dir nicht gefallen«, sagte sie nach einer kurzen Pause, wobei ihre brüchige, leise Stimme so klang, als würde sie gleich völlig versagen, »und dass du mich gar nicht mehr anrufen würdest.«

»Doch, natürlich«, sagte ich.

»Das glaube ich dir nicht.«

»Warum nicht?«

»Erzähl mir, was dir am besten gefallen hat.«

Am liebsten hätte ich gesagt: Nicht einmal die Stellen mit dem verrückten Nazi! Aber stattdessen sagte ich: »Das klingt alles wie ein großes, böses Märchen. Das ist es ja auch bestimmt gewesen.«

Martha dachte eine Weile nach. »Du hast es gut«, sagte sie plötzlich völlig zusammenhanglos, »du hast eine zärtliche Mutter.«

»Ja, das stimmt.«

»Die immer für dich da war –«

»Ich kenne tatsächlich jemanden bei Suhrkamp«, unterbrach ich sie schnell, statt ihr zu widersprechen, was ich eigentlich hätte tun sollen, »es ist einer von diesen alten Typen, die noch bei der Hitlerjugend waren und darum alles besser machen wollen. Dem schicke ich dein Manuskript. Du wirst sehen, das wird super.«

»Danke«, sagte sie noch leiser als davor und legte auf.

Nachdem ich kurz reglos, ohne an etwas zu denken am Schreibtisch gesessen hatte, klappte ich Marthas Manuskript zusammen, schob es mit der Munch-Postkarte in den braunen Umschlag und warf alles in den Papierkorb. Dann wählte ich die Nummer meiner Mutter und sagte zu ihr, dass ich Martha nicht helfen könne. »Doch, das musst du, mein Sohn«, sagte Mama ernst und erschrocken, »sie hat den bösen Blick. Mach es für mich, bitte. Sie wird mir sonst sehr schaden.«

Als ihr eigenes Buch erschien, fragte mich meine Mutter, was mit Suhrkamp sei, sie hätten sich doch schon längst bei Martha melden müssen.

»Keine Ahnung«, sagte ich, »ich werde noch mal fragen.« Das war natürlich gelogen.

16.

Auf einem Bild, das mein Großvater nach einem Kindheitsfoto von mir gemalt hat, stehe ich im Stadtgarten in Odessa vor einem blauen Springbrunnen ohne Wasser. Ich bin sieben oder acht, ich trage einen Anzug mit einem weißen Hemd darunter, das bis ganz nach oben zugeknöpft ist, und halte den Kopf schief. Ich sehe frech, aber auch traurig aus – und ich erkenne mich nicht wieder. Ich glaube, den Anzug haben meine Eltern für mich in einem verstaubten, nach Mottenkugeln riechenden Modeatelier in der Deribasowskaja machen lassen, damit ich später im Westen etwas Anständiges zum Anziehen habe, das muss kurz nach der Besetzung der Parteizentrale durch Papa und seine Jungisraeliten gewesen sein. Oder war es schon vorher? Ich wollte das von meiner Mutter und meinem Vater nie so genau wissen, und jetzt ist sie nicht mehr da, und ihn, den Gefangenen von Hamburg Othmarschen, kann ich auch nicht fragen.

Auf einem anderen großen, bunten, etwas zu expressiven Bild aus dem Atelier von Jaakow Gaikowitsch Katschmorian, das auch viele Jahrzehnte über dem Sekretär meiner Mutter in Hamburg hing, sitze ich vermutlich bei uns zu Hause in Odessa in der

Gogolskaja an einem Tisch und schreibe etwas in ein großes schwarzes Heft. Es ist wirklich sehr seltsam für mich, dieses Bild anzuschauen, denn ich habe schon lange vergessen, wie man auf Russisch schreibt, und die russische Schreibschrift kann ich kaum lesen. Neben mir sitzt meine Mutter – jung, gespielt unschuldiger Blick wie immer, die schwarzen Haare nach oben toupiert wie Bella Achmadulina, die schönste Leningrader Poetin der sechziger Jahre – und guckt mir streng beim Schreiben zu. Und das ist natürlich noch sehr viel seltsamer. Kontrolliert Mama einfach nur meine Rechtschreibung? Oder wartet sie darauf, dass mir, ihrem kleinen Sohn, gleich ein Gedicht wie von Pasternak aus der Feder fließt oder der Anfang einer Geschichte, die auch von Tschechow stammen könnte?

Ich stand jetzt, fast fünfzig Jahre später, vor den beiden Bildern im alten Arbeitszimmer meiner Mutter in der Bieberstraße und sah sie minutenlang an. Dabei versuchte ich, mich an meine russische Kindheit zu erinnern, oder wenigstens an ein paar Momente, Gerüche, Blicke. Aber da war nichts, gar nichts. Meine Erinnerungen bestanden fast nur aus alten Fotos und den Bildern, die mein Großvater nach ihnen gemalt hatte.

War ich nicht, dachte ich plötzlich, manchmal bei ihm im Atelier in der Moldowanka gewesen? Ja, richtig. Das Atelier war im Erdgeschoss, hinten, am Ende des Hofs, wo im Sommer und im Winter die Wäsche der Leute aus dem Haus hing, ein großer schwarzer müder Hund den halben Tag und die ganze Nacht durchschlief und ein paar Hühner aufgeregt hin und her liefen und idiotisch gackerten. Ich durfte meinem großen, starken, glatzköpfigen Großvater immer beim Malen zusehen – er wusste sowieso nicht, was er sonst mit mir anfangen sollte –, und manchmal ließ er mich sogar ein paar Striche mit seinem Pinsel machen. Dabei rief er jedes Mal auf Russisch: »Großartig, mein kleiner Prachtkerl! Du hast wirklich Talent. Aber leider nicht fürs Malen.« Und er lachte laut und noch krachender als Mama.

Einmal schob er plötzlich ein paar Bilder zur Seite, die umgedreht an der Wand standen, und sagte: »Komm, ich zeige dir etwas.« Hinter den Bildern war nichts, nur ein großes schwarzes Loch in der Wand. Wenn man hineinkroch, kam aber nach ein paar Metern eine Treppe, die nach unten, in eine säuerlich riechende, unterirdische Dunkelheit führte. Dort waren die alten Katakomben von Odessa, durch die vor hundertfünfzig Jahren Schmuggler Waffen, Tee, Porzellan und riesige Elefantenzähne aus Afrika vom Freihafen in die Stadt schleppten, und wo sich während des Kriegs Juden und Partisanen versteckten und später die rumänischen Soldaten, die Angst vor der Rache der Roten Armee hatten.

»Meinst du«, rief ich in die Tiefe, während wir mit unseren Taschenlampen langsam die Treppe runtergingen, »es ist noch einer von denen da, die dich damals verbrennen wollten?«

»Bestimmt«, sagte mein großer, starker, armenischer Großvater, »wenn wir ihn treffen, halte ich ihn fest und du erwürgst ihn. Einverstanden?«

»Ja«, sagte ich leise und ängstlich, »einverstanden.«

Warum hatte ich das vergessen? Warum erinnerte ich mich plötzlich daran? Seit meine Mutter gestorben war, flackerten immer wieder sekundenkurze Bilder und Szenen von ganz früher in meinem Kopf auf: Ich, allein auf der Toilette des Flughafens von Odessa, ein kleiner hilfloser Junge, der sich heimlich übergibt, weil er Angst hat, für immer von zu Hause wegzufliegen. Der Geruch von Schweiß, Borschtsch und bonbonsüßem Parfum, der sich tagelang in der Gemeinschaftsküche unserer Kommunalka hielt, wenn die alte, krumme Nachbarin aus dem Zimmer neben uns für sich gekocht hatte. Oder Mama, die weinend am Fenster stand und, ohne sich zu meinem Vater umzudrehen, sagte: »Sie haben gesagt, du oder meine Freiheit, Gena, was soll ich bloß machen?« Jetzt wollte ich aber mehr als nur ein paar flüchtige, blitzartige Sekunden von meiner Vergangenheit. Ich wollte ganze Szenen und Tage und Wochen. Und ich wollte Wirklichkeit, echte Wirklichkeit, nicht bloß Literatur, die ich seit Jahren aus den Geschichten meiner Eltern und dem Wenigen, was ich selbst noch wusste, machte.

Ich dachte kurz an den marokkanischen Privatdetektiv aus den Romanen von Abdil Barjuti alias Emil Schlee, meinem inzwischen auch schon toten Paris-Bar-Freund. Der Detektiv versucht immer wieder, sich an das vergessene Arabisch seiner Kindheit und an seine Mutter zu erinnern, eine depressive kalte Heroinnutte aus dem Frankfurter Gallusviertel, die ihn trotzdem lange nicht an eine deutsche Familie weggeben will. Er wird von jedem Erinnerungsfetzen, den er greifen kann, so traurig, dass er sich danach kurz taub und halb tot trinken muss. So etwas war natürlich nichts für mich, und traurig machten mich meine plötzlichen Erinnerungen auch nicht, im Gegenteil. Darum setzte ich mich jetzt an den Sekretär meiner Mutter und machte – wie schon vor ein paar Tagen, gleich nach ihrer Beerdigung – jede einzelne Schublade auf und ließ noch einmal jedes einzelne Papier und Foto durch meine Hände gleiten. Was ist, dachte ich, wenn ich letzte Woche, als ich viel zu hektisch ihre Sachen durchsuchte und die vielen Briefe an mich fand, etwas anderes übersehen hatte? Wo war der Brief meines Großvaters, den sie mir am Ende nicht mehr vorgelesen hatte, weil ich Idiot das nicht wollte? Gab es mehr Fotos von früher, die ich nicht kannte und die mir helfen würden, mich besser zu erinnern? Wo waren die Geschichten, die sie seit Jahren für ihr neues Buch schrieb, auch noch, als sie sehr krank war, das Buch, das leider nicht erscheinen konnte und in dem es vielleicht mehr um mich gehen würde als in *Der Kompass*?

Nein, nichts, absolut nichts, das alles kannte ich schon. Ich wollte gerade aufstehen und ins Wohnzimmer zurückgehen und vom roten Sofa wie Mama den großen Blättern vor den Fenstern dabei zusehen, wie sie sich langsam wie grüne Wellen im ewigen Hamburger Wind auf und ab bewegten, als mir plötzlich einfiel, dass ich bisher noch gar nicht in dem Sekretärfach unter der herausziehbaren, leicht wackligen Tischplatte nachgesehen hatte. Ich bückte mich schnell, schloss die kleine, intarsienbesetzte Schranktür mit dem kleinen Messingschlüssel auf, der zum Glück wie immer drin steckte – und sah sofort einen hohen Manuskriptstapel. Mamas zweites Buch, dachte ich aufgeregt, hier war es! Bestimmt war es besser und ehrlicher als das erste, weil sie es unter Schmerzen geschrieben hatte. Und vielleicht würde ich dort noch mehr Spuren meiner sowjetischen Kindheit finden. Ich nahm das Manuskript, legte es auf die wackelige Tischplatte des Sekretärs und fing sofort an zu lesen.

Ich weiß nicht mehr, wie lange ich brauchte, aber irgendwann wurde es draußen dunkel, und ich knipste Mamas Lieblingslampe an, eine alte umgebaute Petroleumlampe mit einem grünen Glasschirm, Schalter und Glühbirne. Ja, das hier sollte wirklich ihr zweites Buch werden, aber man merkte schon an der immer größer werdenden, fahrigen Schrift, dass sie während der Arbeit immer schwächer und unkonzentrierter wurde. Bei einigen Geschichten fehlte das Ende, und wenn Mama an einer Stelle nicht weiterwusste, ließ sie einfach eine halbe oder eine ganze Seite frei. Leider waren nur fünf oder sechs der Erzählungen wirklich gut, und ich kam in zweien vor. Eine spielte schon in Hamburg, die andere wirklich in Odessa.

Nachdem ich das letzte Blatt auf den Stapel zurückgelegt hatte, stand ich auf und guckte ratlos aus dem Fenster. Auf der anderen Seite des Innenhofs war die Rückseite der Kammerspiele, wo genau jetzt die große Terrassentür aufging, weil Pause war und die Leute rauchen und reden wollten. Das Licht aus dem Theatersaal ließ sie wie lebendige Schattenrisse aussehen, hinter ihnen strahlte der rote Samt der Sitze. Früher hatte ich immer, wenn die Zuschauer in der Pause rauskamen, für sie Klavier gespielt, in meinem Zimmer, das neben dem Zimmer meiner Mutter lag. Ich machte das Fenster zum Hof auf, sie hörten mir zu, und ich bekam ab und zu sogar Applaus für meine kleinen Stücke. Manchmal stürzte meine Mutter in mein Zimmer, sie klatschte und tanzte und sang mit wie die halbe Orientalin, die sie war, und sie war nie böse auf mich, weil ich sie bei der Arbeit gestört hatte. Wahrscheinlich, denke ich gerade, weil sie damals ihre wenigen Geschichten ohnehin meistens im Auto auf dem Parkplatz vor dem Toom-Markt schrieb. Zu Hause arbeitete sie – wenn überhaupt – immer nur für ihren DKP-Professor, dessen akademische Diebereien und rührselige Soldaten-Geschichten aus Odessa sie so hasste.

Ich winkte den Leuten auf der Terrasse der Kammerspiele zu, zwei, drei von ihnen winkten zurück, dann ging ich wieder ins Wohnzimmer. Ich glaube, ich weinte. Bevor ich rausging, sah ich mich kurz in Mamas Arbeitszimmer um. Im Halbdunkel erkannte ich die vielen altmodisch gerahmten Familienfotos an den Wänden, den riesigen Plüschhasen, fast so groß wie ein Mensch, der auf dem kleinen Sofa unter dem Fenster saß, das große helle Backgammonbrett, das mein Großvater gleich nach dem Krieg noch in der Evakuierung in Karagul gemacht und später meiner Mutter zu ihrem achtzehnten Geburtstag geschenkt hatte, die deckenhohen Regale, voll mit russischen Büchern, aber auch mit sehr vielen Exemplaren ihres eigenen Buchs und mit meinen Romanen.

Zum Schluss schaute ich noch einmal Großvaters Bild über Mamas Sekretär an, auf dem ich unter dem strengen Blick meiner Mutter etwas in mein schwarzes russisches Schulheft schrieb. Und plötzlich musste ich an einen ihrer vielen Briefe an mich denken, den sie nie zur Post gebracht hatte. Ich hatte ihn in den letzten Tagen immer wieder gelesen und konnte ihn deshalb fast auswendig. Dort schrieb sie mir: »Du weißt, dass du besser bist als andere, das ist dein Kapital. Ich selbst habe nie dein Selbstbewusstsein gehabt. Darum weiß ich auch, dass es ein großes Geschenk ist, wenn man sich nicht vor anderen und ihrem bösen Blick fürchtet.« Und dann kritisierte sie mich dafür, dass sie in den Erzählungen, die ich damals schrieb und ihr oft schickte, nie mich, nie meine eigene Stimme hörte, dass ich die Schriftsteller nachmachte, die ich gern las. »Das passt nicht zu dir, Söhnchen. Als Kind warst du frecher.«

Ich habe auf meine Mutter gehört – obwohl ich auch diesen Brief nie bekommen habe.

17.

Ela sollte am Montag um acht Uhr morgens in der Bebelstraße sein, so stand es in der kurzen Mitteilung, die sie von den KGB-Leuten bekommen hatte und zum Glück vor David verstecken konnte. Darum war sie am Wochenende sehr still und ließ jedesmal das Mittagessen anbrennen. Nachts lag sie wach da und überlegte, was sie ihnen sagen würde.

Worum ging es? Sie konnte es sich denken. David war schon oft in der Bebelstraße gewesen. Zuerst wollten sie von ihm nur wissen, wie er auf die Idee gekommen war, seinen komischen jüdischen Klub zu gründen. Als er sagte, weil in seinem Pass stehe, dass er Jude sei, sagten sie, er solle gar nicht erst versuchen, sie zu verwirren. Ob er auch religiös geworden sei, fragten sie ihn beim nächsten Verhör, und ob er während des Sechstagekriegs BBC und Stimme Israels gehört habe? Das Ganze endete mit einer Drohung. Sollte er auf die Idee kommen, die Ausreise nach Israel zu beantragen, würde er seine Stelle im Staatlichen Statistischen Institut verlieren. Und wenn er danach nicht sofort andere Arbeit fände, würde sich ihn das Parteikomitee vornehmen, denn im Sozialismus müsse jeder arbeiten, und wer nicht arbeite, sei ein elender Klassenfeind und Herumtreiber.

Aber was wollten sie von Ela? Sie blieb immer zu Hause, wenn er zu seinen Treffen in die ehemalige Jiddische Folksbiene in der Leninstraße ging. Und wann immer er vor ihr auf die roten Antisemiten schimpfte, sagte sie flüsternd, er solle den Mund halten. Wollten sie, dass sie David verriet? Dass sie ihn bespitzelte und Berichte über ihn schrieb? Wollten sie alles über Davids Vater Leo wissen, einen störrischen Alten, der während des Kriegs rechtzeitig mit der Roten Armee aus Brody nach Osten floh und seit fast dreißig Jahren in der letzten Synagoge von Odessa alles Mögliche gleichzeitig war, Kantor, Koch, Schammes?

Am Sonntagabend, als Ela vor Angst und Verwirrung nicht mehr weiter wusste, hatte sie eine Idee. Ich muss das Schicksal entscheiden lassen, dachte sie und holte aus der schmalen Klappcouch, auf der David und sie in der Tschaikowskaja schliefen, Papas schönes altes Backgammonbrett raus.

»Saschenka, hast du Lust zu spielen?«, sagte sie zu ihrem kleinen Sohn, der am Esstisch saß und aus seinen alten Ogonjok-Ausgaben die Bilder von Tieren und Autos rausschnitt. Er hatte vor ein paar Wochen erklärt, er hätte eine eigene Zeitschrift gegründet, aber sie habe keinen Namen. Dann kaufte er sich von seinem eigenen Geld ein Schulheft, entfernte vorsichtig den schwarzen Einbanddeckel, schrieb in großen Druckbuchstaben auf die erste weiße Seite »Zeitschrift ohne Namen« und begann, alle möglichen Fotos reinzukleben. Unter die

Fotos kamen kleine Geschichten, die ihm zu ihnen einfielen.

»Was, Mama?«, sagte Sascha abwesend und blickte zu Ela hoch.

»Komm, räum deine Sachen weg«, sagte sie, »ich will mit dir Backgammon spielen.«

»Spielen wir um etwas?«, sagte er. »Nie spielen wir um etwas!«

»Dafür bist du doch noch zu klein, Saschenka«, sagte Ela. Sie selbst hatte aber beschlossen, dass sie nur dann am nächsten Tag in der Bebelstraße zur Verräterin werden dürfte, wenn sie gegen ihn verlieren würde.

Sie spielten wie immer bis fünf. Für jedes gewonnene Spiel gab es einen Punkt, und wurde man alle seine Steine los, bevor der andere damit überhaupt erst angefangen hatte, sogar zwei Punkte. Schon bald stand es vier zu eins für Ela. Sie spielte natürlich viel besser als ihr kleiner Sohn, darum fing sie absichtlich an, falsche Züge zu machen. Manchmal schummelte sie sogar, damit er einen Vorteil hatte. Sascha war es aber völlig egal, ob er gewinnen oder verlieren würde. Er war ein seltsames Kind. Er wollte nie besser sein als andere, nicht beim Fußball, Schach oder Backgammon. Nur wenn er etwas für sich machte – Klavier üben, an seiner Zeitschrift basteln, von Ela kochen lernen –, war er nie mit sich selbst zufrieden. Er wird es später nicht leicht haben, dachte sie darum oft, er wird weniger Freunde haben als Leute, die sich im Rudel mit anderen messen und bekriegen.

»Mama, hör auf damit«, sagte Sascha plötzlich.

»Womit? Was meinst du?«

»Das weißt du genau.«

Natürlich wusste sie es. Und sie wusste auch, warum sie nicht gewinnen wollte. Nur wenn sie jetzt gegen ihren Sohn im Backgammon verlieren würde, könnte sie morgen den Männern in der Bebelstraße alles darüber erzählen, was sie über David und seine Pläne, die Sowjetunion zu verlassen, wusste. Dann wüssten sie es auch und würden ihn auf ihre Art davon abhalten. Und sie könnte mit Sascha zu Hause bleiben, in Odessa, in der schönsten Stadt des Landes, bei ihrem geliebten Vater, dem lustigsten und traurigsten Witwer der ganzen Schwarzmeerküste, den sie kein einziges Mal darüber klagen hörte, dass Mamulja so früh von ihnen gegangen war und ihn mit ihr, der damals noch so kleinen Ela für immer allein zurückgelassen hatte. Was würde nur aus ihnen im Westen werden? Würden sie überhaupt bis nach Israel kommen? Sie hatte oft von Familien gehört, die nach ihrer Ausreise Jahre in traurigen Lagern in Rom oder in Österreich verbrachten, manche verirrten sich bis nach Amerika, wo sie zusammen mit betrunkenen, drogensüchtigen Schwarzen unter den Brücken von New York oder Atlanta leben mussten.

»Das war toll, Mama«, rief Sascha aus, nachdem Ela auch das letzte Spiel der Partie gewonnen hatte. »Kann ich jetzt wieder meine eigenen Sachen machen?«

Bevor Ela antworten konnte, kam David rein, der den ganzen Nachmittag und halben Abend im Institut gewesen war. Er musste sich auf einen Mathematiker-Kongress in Warschau vorbereiten.

»Warum bist du so traurig, Ela, meine Liebe?«, sagte er, während er sie aufmerksam ansah. Das Lächeln, das auf seinem dunklen, jüdischen Gesicht erschien, machte Ela noch trauriger und wütender.

»Mama spinnt«, sagte Sascha. »Sie hat gerade gewonnen.«

»Du gehst jetzt ins Bett«, sagte Ela, so streng, wie sie sonst fast nie war. »Ich will heute Abend nichts mehr von dir hören.«

Während Sascha nun ganz allein die dicke braune Wolldecke von seinem kleinen Bett auf der anderen Seite des Zimmers herunterzog, langsam und genau faltete und vorsichtig auf ihren Platz im Kleiderschrank legte, fragte sie sich, ob man als Mensch manchmal vielleicht doch das Schicksal austricksen konnte. Im Dunkeln, auf der Klappcouch, als der Kleine längst schlief und David neben ihr leise und noch unregelmäßiger als sonst atmete, dachte sie: Mein freiheitsliebender Ehemann denkt Tag und Nacht, dass er klüger und stärker ist als das Schicksal, das hier bei uns Partei, Breschnew und KGB heißt. Was ist, wenn er recht hat?

18.

Vor ein paar Jahren rief mich die amerikanisch-jüdische Frau meines alten Freundes Abdil an und sagte mir, dass sie wieder in Berlin seien und Abdil bald sterben würde. Er und ich hatten uns lange nicht mehr gesehen, weil er mich zwei- oder dreimal in der Paris Bar so laut angeschrien hatte, dass sich alle umdrehten. Einmal riss er mich am Kragen meines Hemds hoch, ließ mich aber schnell wieder los und rannte auf die dunkle Kantstraße raus. Ich weiß noch genau, wie er dabei mit seinem fast viereckigen, flachen, aber trotzdem sehr schönen Gesicht ganz nah an mein Gesicht herankam.

Bei Abdils letzten Wutausbruch ging es um seine Zeit in der Odenwaldschule, die alle ehemaligen Schüler, auch die Rowohlt-Lektorin, die er mir für meine Mutter empfohlen hatte, immer nur OSO nannten. Weil es plötzlich sehr viele Artikel und Filme über den rücksichtslosen Direktor des berühmten Internats gab, wollte ich von ihm wissen, warum er von dort abgehauen und wieder zurückgekommen war. Daraufhin drehte Abdil durch. Danach setzten wir uns in der Paris Bar nie wieder zusammen an einen Tisch, wir grüßten uns nicht, aber wenn wir einander beim Reingehen oder Rausgehen entgegenkamen, versuchte er oft, mich absichtlich anzurempeln, und ich wich ihm immer nur stumm aus. Irgendwann hatte ich keine Lust mehr auf diesen Unsinn, und ich mied für ein paar Monate die Paris Bar. Als ich nach einem öden Abend in der Schaubühne wieder einmal hinging, um bessere Laune zu kriegen, erzählte mir einer der Kellner, dass Abdil wegen seiner neuen Frau nach San Francisco gezogen war, die dort bei McKinsey oder einer anderen bekannten Wirtschaftsfirma arbeitete. Das war Inna.

»Abdil spricht oft über dich«, sagte Inna bei unserem ersten und letzten Telefonat in ihrem breiten, tonlosen Westküsten-Englisch zu mir, »er wird sich freuen, wenn ihr euch wiederseht, es geht ihm immer schlechter. Komm uns doch mal besuchen! Wir haben eine schöne große Wohnung in dem Haus, wo unten das Café Lentz ist. Du weißt schon, das ist der Riesenkasten, der wie ein Märchenpalast aussieht. Oder wie die Kulisse aus einer Wagner-Oper.« Ich hörte ihr zu, ich sagte nicht viel mehr als »Ja« oder »Nein« und lachte kein einziges Mal. Zum Schluss sagte ich, dass ich mich bald melden würde. Aber nachdem wir aufgelegt hatten, löschte ich Innas und Abdils Nummern aus meinem Telefon.

Ich hatte gerade angefangen, *Die Vergifteten* zu schreiben, den Roman über die Emigrantin, die wegen ihres Mannes vom KGB mit einem Vorläufer von Nowitschok langsam umgebracht wird und ihre Vergiftung als große politische Metapher versteht – ähnlich wie Solschenyzin in *Krebsstation*. Seit ein paar Wochen wusste ich leider nicht mehr genau, wie es weitergehen sollte. Ich hatte extrem schlechte Laune und war nur mit mir selbst beschäftigt. Ich hatte auch schon meine Mutter in Hamburg angerufen und versucht, sie unauffällig danach zu fragen, wie das eigentlich genau war, als sie Papa von Bolschoi Fontan in die Stadt gefahren hat und hinterher so krank wurde. Aber offenbar ahnte Mama, dass ich etwas schreiben wollte, und erzählte mir fast nichts. Damals war sie selbst noch nicht krank, vielleicht hätte sie sonst eher mit mir darüber geredet und meinen Vater und seine zionistischen Ideen für ihr Unglück verantwortlich gemacht, was ich sogar ein bisschen gehofft hatte. In dieser komplizierten Zeit ging ich, statt zu arbeiten, oft stundenlang spazieren. Meistens war ich im Tiergarten, wo ich mich aber immer darüber ärgerte, dass man an jeder Stelle des Parks den Lärm von Autos hörte, und ich sehnte mich nach München und in den endlosen stillen Englischen Garten zurück, wo man nur manchmal eine Fahrradklingel oder von Weitem die Trommelspieler vom Eisbach hörte.

Als ein Jahr nach Innas Anruf – das Buch war endlich fertig – in der SZ ein sehr liebevoller Nachruf auf Abdil erschien, zusammen mit einem großen Schwarz-Weiß-Foto von ihm aus der Zeit seiner frühen Krimi-Erfolge, habe ich mich sehr erschrocken. Er war der einzige Schriftsteller, mit dem ich wirklich befreundet war – nicht nur deshalb, weil wir beide das umständliche Deutsch der anderen deutschen Schriftsteller und ihre linken und rechten Scharaden hassten. Er war ein schöner, sehr kluger Mann, ja, er war genau das, was meine Eltern auf Russisch *obojatelnyj* genannt hätten: bezaubernd. Er hörte die gleichen merkwürdigen Platten wie ich – Oum Khoultum, Fania Allstars, alles von Sammy Davis jr. –, wir liebten beide Scott Fitzgerald und Böll, er kannte und mochte sogar Pasternaks *Geleitbrief*. Und wir spielten, wenn wir nicht in der Paris Bar saßen, oft stundenlang Tischtennis, auf einer der beiden neuen, noch kaum zerkratzten Platten hinter der S-Bahn-Brücke in der Grolmanstraße. Meistens gewann zum Glück Abdil, weil ich viel schlechter war als er, aber wenn er einmal trotzdem einen Satz oder ein ganzes Spiel verlor, warf er aus Wut den Schläger auf den Boden und lachte danach verlegen.

Das alles stand natürlich nicht in dem Nachruf auf den viel zu jung gestorbenen Abdil Barjuti. Es ging dort um seinen wurzel- und sprachlosen deutsch-marokkanischen Detektiv und um Abdils eigene Eltern, die früher ziemlich bekannten Theaterleute Anita und Gustav Schlee – sie Schauspielerin, er Regisseur –, die beide noch in den fünfziger Jahren unter Gründgens in Hamburg angefangen hatten. Sie hatten Abdil alias Emil schon als Sechsjährigen aufs Internat geschickt, weil er sie, wie man erzählte, beim Arbeiten und auch sonst störte. Das war bei mir natürlich immer ganz anders gewesen, dachte ich, während ich den Nachruf jetzt schon zum zweiten Mal las, da ich mich beim ersten Mal vor Schreck kaum konzentrieren konnte. Aber dann fiel mir ein, wie mir meine Mutter einmal, als wir in Hamburg zusammen im alten Block House am Grindelhof waren, erzählt hatte, sie sei sehr stolz auf mich, weil ich immer alles allein geschafft hätte. »Ganz ehrlich«, sagte sie, »ich war froh, als du endlich aus dem Haus warst und nach München gegangen bist. Ich war als junge Frau sowieso schon von meinem eigenen Leben überfordert. Und dann musste ich mich auch noch zwanzig Jahre lang um dich kümmern!« War ich am Ende genauso wie Abdil eine Art *besprisornyj,* ein herrenloses Kind, wie man – auch das ein Wort, das ich von früher kannte – in der Revolutionszeit bettelnde Waise ohne Zuhause und Eltern nannte? Und war es genau das, was uns so verband? Als ich merkte, wie ich beim Lesen immer trauriger wurde, wusste ich plötzlich nicht mehr, ob das wegen ihm oder wegen mir selbst war.

Ein paar Wochen später ging ich ins Lentz, das Café, das unten in Innas und Abdils Haus war und wo die alt gewordenen, arm gebliebenen Charlottenburger Linken den ganzen Nachmittag lang Weißwein tranken und rauchten. Fast alle Tische waren an diesem Tag aber leer, nur hinten, bei der Küche, saß eine kleine schwarzhaarige Frau mit großen braunen Augen und zu viel Rouge. Sie war um die dreißig, nicht besonders schön, aber auf diese lebenskluge Art attraktiv und bitter wie viele jüdische Frauen in ihrem Alter. Ich wusste sofort, dass es Inna sein musste. Natürlich ging ich nicht zu ihr. Ich trank schnell meinen Espresso, zahlte schnell und ging gleich wieder, und danach hatte ich noch viele Wochen lang ein schlechtes Gewissen.

Eigentlich habe ich es bis heute.

19.

An einem grellen, sonnigen Frühlingstag im April 2007 las meine Mutter in Hamburg in der Nelly-Sachs-Loge aus ihrem Buch. Das war fünf oder sechs Monate nach ihrem Auftritt in Berlin im Literaturhaus, aber diesmal war ich nicht da. Später schickte sie mir – zusammen mit einem Artikel aus dem Hamburger Abendblatt, in dem sie sehr diplomatisch für ihren »unermüdlichen, langen Vortrag« gelobt wurde – ein paar Fotos von Martha und ihr vor dem Café Abigail, dessen Fenster hinter ihnen in der Frühlingssonne so schön glänzten, dass ich es fast bereute, dass ich nicht gekommen war. Mama war natürlich vorher beim Friseur gewesen, sie war ausnahmsweise sehr stark geschminkt und trug den wuchtigen braunen Pelz, den sie vor dreißig Jahren aus Odessa mitgebracht hatte. Auf den Bildern wirkte sie noch kleiner und wehrloser als sonst, weil die riesige Martha neben ihr einen ihrer langen, dünnen Arme um Mamas Schultern gelegt hatte und sie so immer weiter herunterzudrücken schien.

»Hast du meinen Brief mit den Fotos bekommen?«, sagte Mama, als sie mich ein paar Tage später anrief.

»Es tut mir leid«, sagte ich, »mir geht es zur Zeit nicht gut.«

»Immer noch die Hände?«

»Ja.«

»Aber du warst doch schon bei so vielen Ärzten.«

»Ja.«

Sie schwieg. Dann sagte sie weich: »Vielleicht solltest du mit einer anderen Sorte von Ärzten sprechen, Mischa. Und schrei mich jetzt nicht gleich an. Es gibt Leute, denen hilft das.«

Ich dachte wütend daran, wie ich ihr in den letzten Monaten immer wieder vergeblich von der Sache mit den Händen erzählt hatte – von den erst ganz leichten Schmerzen, über die ich mich aber gleich so erschrocken hatte, dass ich zu einem Orthopäden ging, der mir den Rat gab, ein paar Wochen nicht den Laptop zu benutzen, damit es nicht noch schlechter wurde. Und er schickte mich zu einer Physiotherapeutin, die meine Unterarme in Schlamm legte, sie viel zu grob massierte und mir Horrorgeschichten über Leute mit den gleichen Beschwerden erzählte. Meine Mutter hatte sich das alles immer stoisch angehört, sie sagte aber nie: »Soll ich kommen?« Sie sagte immer nur: »Ich würde dir so gern helfen, wenn ich nur irgendwie könnte!« Schließlich sagte sie, dass alles gut wird, worauf ich erwiderte, es könnte ja auch noch schlechter werden, und dann sagte sie eigentlich nichts mehr. Nur einmal seufzte sie und stieß aus: »Warum habe ich dich nicht ein bisschen fröhlicher geboren?«

Die Lesung in der Nelly-Sachs-Loge, wegen der sie mich eigentlich angerufen hatte, war nicht besonders gut gelaufen. Es waren nur zwanzig oder dreißig Leute gekommen, und es wollte hinterher fast niemand ein Buch kaufen. »Die Hälfte waren die neidischen Weiber aus unserem Haus«, sagte meine Mutter mit einem leisen, ungewöhnlich giftigen Kichern ins Telefon, »und die hatten mein Buch ja schon alle von mir bekommen.« Martha, die meine Mutter persönlich und schon ein ganzes Jahr vorher eingeladen hatte, stellte sich am Anfang direkt vor sie auf die kleine Bühne und redete fast so lange, als wäre das ihre eigene Lesung. Das Buch meiner Mutter erwähnte sie nur mit ein paar Sätzen. Lieber sprach sie über die Loge, mit der sie an die jüdische Geschichte des Grindelviertels erinnern wollte, wie sie sagte, und dabei kam sie schnell zum »erstaunlichen« Salon von Rahel Varnhagen, ihrer »Schwester im Geiste«, die im Berlin des 18. Jahrhunderts so mutig war, offen ihre Meinung zu sagen und auch sonst nicht mehr so mittelalterlich verkleidet herumzulaufen und vor den Männern herumzubuckeln wie die anderen Jüdinnen damals.

»Was heißt hier ›mittelalterlich‹?«, sagte meine Mutter jetzt zu mir.

Ich dachte kurz nach. »Wo war eigentlich ihr Mann, als sie das sagte?«, sagte ich.

»Erik?«

»Ja, der lange, dünne Erik.«

»Er saß in der ersten Reihe und nickte.«

»Ich glaube, das muss der Dibbuk ihres Nazivaters

gewesen sein, der aus der kleinen Marthale gesprochen hat«, sagte ich, und wir lachten.

Danach erzählte sie mir, immer noch lachend, wie Martha einfach nicht aufhören wollte zu reden. Nach der Varnhagen-Story ging es um ihre Mutter, die sie mit zitternder Stimme eine »wahre Überlebende« nannte, es ging um Marthas Traum, die zerstörte Portugiesische Synagoge am Bornplatz wiederaufzubauen, um ihren eigenen Roman, der angeblich bald bei einem sehr großen Verlag erscheinen werde – dem »wichtigsten Verlag Deutschlands!«

»Als sie endlich fertig war«, sagte meine Mutter, »waren die meisten schon eingeschlafen. Die anderen schliefen ein, als ich gelesen habe.«

»Das glaube ich nicht«, sagte ich.

»Du hast doch gesehen, was im Abendblatt stand.«

»Ja, Mama.«

»Na also.«

Ich dachte jetzt – war mir langweilig oder hatte ich langsam genug von Mamas literarischen Leiden? – an die junge Deutsche, die ich vor ein paar Wochen im Literarischen Colloqium bei einer Diskussion über W.G. Sebald und seine falschen Emigrantengeschichten kennengelernt hatte. Sie machte dort ein Praktikum, aber vielleicht war sie auch als Zuhörerin da, das habe ich nicht genau verstanden. Sie hatte fast gewalttätig lange, rot lackierte Fingernägel, ein bisschen zu dünne Beine, dunkelbraune glänzende lange Haare und lauter unverständliche Ansichten, wenn es um Literatur und Politik ging. Wenn wir miteinander schliefen, weinte sie manchmal danach, aber nicht, weil es ihr nicht gefallen hätte. Und sie lachte über jeden meiner Witze. Leider wollte meine neue Bekannte nicht oft mit mir zusammen sein, aber wenn sie zu mir kam, blieb sie gleich zwei oder drei Tage, und das gefiel mir auch nicht.

»Warum bist du nicht nach Hamburg gekommen? Was bist du für ein Sohn?«, sagte meine Mutter plötzlich. Es klang nicht so, als ob sie sich nur über mich lustig machte.

Ich hatte mich während unseres Gesprächs ans Fenster meines Arbeitszimmers gestellt und einem riesigen grauen Raben, der die gleichen spöttischen Gesichtszüge wie der junge Leonid Utjesssow hatte, dabei zugesehen, wie er unten auf der Kantstraße von einem Auto zum anderen hüpfte und ab und zu klug und frech zu mir hochsah. Eigentlich wollte ich noch weiter an die schöne Deutsche denken – ich hatte mir gerade vorgestellt, wie sie mit dem nackten Rücken vor mir auf dem Badezimmerboden kniete –, und als ich jetzt Mamas Stimme und Vorwürfe im Telefon hörte, reagierte ich zuerst nicht, weil ich weiter versuchte, das schöne Badezimmerbild festzuhalten. Am liebsten hätte ich zu ihr gesagt: Und wann warst du das letzte Mal bei mir, Mama? Aber stattdessen erzählte ich ihr noch einmal, schon fast mechanisch, von meinen Händen und von den extremen Katschmorian-Gefühlen, die ich deshalb hatte. Und die vielleicht auch schon vorher da waren und mich in Wahrheit krank gemacht hatten.

»Ich glaube, ich hätte in München bleiben sollen«, stieß ich aus, überrascht von den eigenen Worten, »dort ging es mir besser.«

»Du hast alles vergessen, *maltschik*«, erwiderte meine Mutter. »Weißt du nicht mehr, wie dir dort einmal monatelang schwindlig war und die Ärzte nichts fanden?«

»Doch«, sagte ich, und ich dachte daran, dass sie damals auch nicht zu mir gekommen war.

»Ich weiß, was du jetzt denkst«, sagte sie.

»Was?«

»Dass ich Martha nicht mehr ins Haus lassen sollte.«

»Ja, das stimmt«, log ich. Gleichzeitig drehte sich die Nackte auf dem Badezimmerboden zu mir um – und es war Martha.

Ich habe den Brief mit den Fotos von Mama und Martha und dem Artikel über ihre misslungene Lesung im Abigail noch irgendwo. Ich habe ihn vor ein paar Wochen lange gesucht, damit ich daraus zitieren kann, aber leider habe ich ihn nicht gefunden. Wahrscheinlich liegt er bei dem Kompass meines Großvaters, der ja auch schon vor Jahren verschwunden ist. Es wäre wirklich sehr interessant für mich, diesen Brief mal wieder zu lesen, denn natürlich habe ich mich schon oft gefragt, warum Mama ihn mir damals geschickt hat, während sie so viele andere Briefe an mich für immer in ihrem Sekretär versteckte. In ihnen ging es sehr viel um mich, denke ich gerade, und vielleicht wollte sie mich nicht mit zu viel Aufmerksamkeit verwöhnen.

»Wir hätten in Odessa bleiben sollen«, sagte meine Mutter, bevor wir auflegten, »dort ginge es dir wirklich viel besser.«

»Meinst du?«

»Ja, natürlich«, sagte sie, »und mir auch. Mir sowieso. Ich bin sicher.«

Der Rabe sprang vom Dach eines kleinen gelben Sportwagens auf die Straße, aber bevor ihn ein riesiger weißer LKW überrollen konnte, machte er einen Satz zur Seite und flog in den abendlich roten Berliner Frühlingshimmel.

20.

Kurz vor seinem Tod hörte Lassik Stein auf, mit meinem Vater zu sprechen. Damals wohnte mein Vater noch in der Bieberstraße, und immer, wenn er am frühen Abend aus dem Büro nach Hause kam, fragte er mich, ob Lassik angerufen hätte. Er arbeitete schon lange nicht mehr bei Brinkmann in der Spitalerstraße als Radio- und Fernsehverkäufer, ein Job, den er weniger hasste, als meine Mutter und ich lange glaubten. Er war inzwischen bei einer kleinen Firma, die Geschäfte mit osteuropäischen Ländern machte, aber vielleicht dachten sich mein Vater und sein neuer merkwürdiger adliger Chef – früher einer der jüngsten Elitesoldaten Hitlers, jetzt cholerischer Nazihasser – nur solche Geschäfte aus, die dann andere machen sollten. Das habe ich nie verstanden.

Eine Weile glaubte ich, dass mein Vater deshalb so ungeduldig auf den Anruf von Lassik wartete, weil er von ihm, dem anderen Osteuropäer, Hilfe bei seiner Arbeit brauchte, einen Rat oder den Namen von irgendeinem korrupten Regierungsbeamten in Russland. Doch bald merkte ich, dass es etwas anderes sein musste. Nachdem er mich noch ein zweites und drittes Mal gefragt hatte, ob Lassik wirklich nicht angerufen hat, machte er sich in der Küche einen Campari

Orange – sein wütendes Klappern mit dem Eiswürfelbehälter hörte ich bis in mein Zimmer –, setzte sich im Arbeitszimmer in den grünen Chesterfield-Sessel neben seinem Schreibtisch und legte ganz laut eine Platte auf, meistens das Tripelkonzert von Beethoven oder etwas anderes Dunkles, Schweres. Ich glaube, darum hasse ich auch bis heute jede Art von klassischer Musik. Wenn sie läuft, kriege ich sofort genauso schlechte Laune wie mein Vater damals, als er Abend für Abend vergeblich auf einen Anruf von seinem besten und ältesten Freund wartete.

»Fahr einfach hin«, sagte nach ein paar Wochen meine Mutter zu meinem Vater beim Abendessen, »du musst doch nicht wie ein Deutscher vorher anrufen. Er sitzt sowieso den ganzen Tag mit seinen Weibern im Wohnzimmer herum und probt mit ihnen sein eigenes Schiwesitzen.«

Wir saßen in der Küche, an diesem viel zu großen Empire-Esstisch, wegen dem man seinen Stuhl kaum bewegen konnte und beim Aufstehen jedesmal gegen den Herd oder den riesigen Geschirrschrank knallte. Wir aßen kalten Hering mit Essig, Zwiebeln und gekochten Kartoffeln, und ich guckte ab und zu aus dem Fenster zum Nachbarhaus, wo sich um diese Zeit oft eine junge Frau in ihrem Wohnzimmer nach dem Duschen ewig abtrocknete und eincremte, aber heute waren ihre Fenster dunkel.

»Was soll ich noch bei ihm«, sagte mein Vater, und der Trotz in seiner Stimme passte überhaupt nicht zu ihm, dem sonst so stolzen Stoiker, »ich hab schon vier- oder fünfmal auf seinen witzigen Anrufbeantworter gesagt, er soll mich anrufen, aber genauso hätte ich Breschnew oder Begin darum bitten können.«

»Vielleicht geht es ihm wieder schlechter«, sagte meine Mutter friedlich und ernst, »oder er ist schon gestorben.«

Papas Antwort war aber nur: »Das hätten wir längst im Abendblatt gelesen.«

Ich guckte ihn an, dann Mama, dann wieder ihn und sagte: »Warum haben wir eigentlich noch keinen Anrufbeantworter?«

»Damit Herr von Bertelsdorff mich nicht auch noch am Wochenende mit seinem Unsinn verfolgen kann«, sagte mein Vater schnell. Und meine Mutter sagte: »Du isst zu wenig, Mischa.« Und ohne mich zu fragen, legte sie mir noch ein Stück Hering und ein paar Kartoffeln auf den Teller.

»Vielleicht denkt er, ich bin nicht mehr gut genug für ihn!«

»So berühmt ist er auch wieder nicht«, sagte meine Mutter. Dann ging bei der Nachbarin das Licht im Wohnzimmer an, und ich hörte kurz auf, meinen Eltern zuzuhören.

Als Lassik 1970 nach Deutschland kam, ein Jahr vor uns, begann er sofort, in der Welt zu schreiben. Am Anfang übersetzten die Leute von Springer seine Artikel aus dem Russischen ins Deutsche, aber er lernte die neue Sprache bald so gut, dass er irgendwann keinen Übersetzer mehr brauchte. Er hatte auch viel weniger Akzent als meine Eltern, doch vielleicht kam es mir nur so vor, weil er nicht wie der typische Russe klang, der bei jedem Wort mit dieser komplizierten, harten germanischen Sprache kämpfte. Er klang eher wie der alte Herr Slonim aus der Rentzelstraße, bei dem ich mit fünfzehn ein paar Monate lang im Lager gearbeitet habe und der nur Jiddisch konnte und auch nur auf Jiddisch die Leute bediente, die bei ihm für ein paar Mark Hemden, Jeans und Pullover in seltsamen Farben kauften.

Jedenfalls war die Mischung aus Lassiks jiddischem Deutsch, seinem dicken Bauch, dem fröhlichen Gesicht eines arglosen Engels und seinen klaren Ansichten zu Russland, Israel und dem ganzen Araber-Irrsinn für jeden schuldbewussten Deutschen unwiderstehlich, weil es solche Juden wie Lassik eigentlich gar nicht mehr gab. Vor allem die Frauen – meist noch dicker als er – konnten ihre Augen und Hände nicht von ihm lassen, und er sagte nie Nein zu ihnen. »Aus Prinzip«, erklärte er meinem Vater, als der ihn einmal damit aufzog, »für die schlechten Zeiten, denn es kann immer das letzte Mal sein.«

Als Lassik dann auch noch anfing, bei Hanser und später bei Piper seine kleinen Aphorismus-Bücher zu machen, wurde er so beliebt und bekannt, dass er sogar ins Fernsehen eingeladen wurde. Einmal war er auch bei 3 nach 9, und weil mein Vater nicht konnte – er musste mit Herrn von Bertelsdorff übers Wochenende zu einem korrupten CDU-Bundestagsabgeordneten, wie er uns später erzählte –, fuhren meine Mutter und ich allein mit Lassik nach Bremen ins Studio, denn das war natürlich eine große Sache.

Das Licht in der Wohnung gegenüber ging nach ein paar Sekunden wieder aus, aber ich hatte unsere Nachbarin wenigstens kurz gesehen. Sie zog sich im Gehen schnell aus, es wurde dunkel, und sie verschwand im Bad. In diesem Moment hörte ich, wie meine Mutter zu meinem Vater sagte: »Habt ihr euch vielleicht wieder über Israel gestritten?«

»Ja, vielleicht«, sagte mein Vater.

»Und darum redet er jetzt nicht mehr mit dir?«

Er schob seinen Teller zur Seite, nahm seine neue Westbrille mit dem leicht rosa eingefärbten, durchsichtigen Gestell ab, rieb sich mit der Faust lange beide Augenhöhlen, dann setzte er die Brille wieder auf. »Ich glaube, darum ging es nicht«, sagte er, »aber es fing damit an.«

»Was hast du zu ihm gesagt? Warum hast du nicht einmal geschwiegen? Er ist doch schon so krank.«

»Er hat etwas gesagt. Er hat gesagt, ich soll nicht so verbissen sein, das wäre unmenschlich. Und ich soll verstehen, dass es Leute gibt, die nicht in der Gluthitze des Orients unter diesen jüdischen und arabischen Bestien leben wollen. So wie er. Oder ich selbst.«

Ich wusste sofort, worum es ging. Seit ein paar Jahren tauchten bei uns Freunde und Verwandte aus Odessa auf, die raus durften, aber nur, weil sie den »staatlichen

Sicherheitsorganen« und den AJCSJ-Leuten versprochen hatten, sie würden nach Israel gehen. Sie blieben oft wochen- oder monatelang bei uns. Sie schliefen im Arbeitszimmer meines Vaters auf seiner Couch, sie gingen jeden Tag in die Mönckebergstraße und kauften von dem Geld, das er ihnen lieh, Kleider, Kassettenrekorder, Geschirr, sie aßen immer sehr viel und mit sehr viel Appetit, und dann flogen sie weiter – aber nicht nach Tel Aviv, sondern nach Toronto, Sydney oder New York. Danach redete mein Vater, der große Zionist, der selbst immer noch in der Diaspora feststeckte, mit ihnen nie wieder ein Wort.

»Lassik hat recht, Papa!«, sagte ich kurz und knapp und erwachsen.

»Ja, vielleicht«, antwortete er, ohne beleidigt zu sein.

»Ich glaube, Gena, es war etwas ganz anderes«, sagte meine Mutter plötzlich.

»Warum denkst du das?«

»Weil deine Stimme zittert.«

»Er hätte mir damals eben nicht den Job bei Brinkmann besorgen sollen«, schrie mein sonst so beherrschter Vater laut, »darum sind wir hier und nicht in Israel!«

»Lenk nicht ab«, sagte sie, »du hörst doch selbst, wie sie zittert.«

In Bremen waren Lassik, meine Mutter und ich im gleichen Hotel, ich glaube, es hieß Weserhof oder Weser Inn. Es roch dort nach demselben Putzmittel wie in meiner Schule, dem Kaiser-Friedrich-Ufer-

Gymnasium, wo ich am Anfang von den deutschen Kindern immer wieder wie ein Hase über den Pausenhof gejagt wurde – bis ich so gut Deutsch konnte, dass sie Angst vor mir und meinen Beleidigungen hatten. Dass an dem großen 3-nach-9-Tag etwas nicht so war, wie es hätte sein sollen, fällt mir natürlich erst heute auf, aber wirklich sicher bin ich mir auch wieder nicht. Nachts, nach der Sendung, als Mama und ich schon in unserem Zimmer waren, rief plötzlich Lassik an und fragte Mama, ob sie nicht noch kurz mit ihm in der Bar sitzen könnte, weil er noch von der Sendung so aufgedreht sei. »Ich gehe für eine halbe Stunde runter«, sagte sie zu mir, »geh schlafen, warte nicht auf mich.«

Als sie zurückkam, sehr viele Stunden später, schlief ich. Ich wachte kurz auf und sah im dämmerigen Schein ihrer Nachttischlampe, dass sie so ungewöhnlich heiter und erwartungsvoll lächelte, als wäre sie nicht allein. Wahrscheinlich, dachte ich, fand sie es vorhin auch so aufregend im Studio wie ich – die riesigen Kameras, die langsam um Lassik, die anderen Gäste und die Moderatoren kreisten, die Gespräche, die immer ruhig und höflich anfingen und oft im Geschrei endeten, Lassik, der erst alle mit seinen antikommunistischen Bemerkungen schockte, aber dann mit einem Witz oder einem Aphorismus auf seine Seite zog. »Fandest du es heute auch so schön, Mama?«, flüsterte ich. »Ja, mein Söhnchen«, sagte sie leise, »schlaf schnell weiter.«

Die Nachbarin stand jetzt nackt in ihrem hell erleuchteten Wohnzimmer und trocknete sich ab.

Dann cremte sie ihre Beine, ihre Arme, ihre Brüste ein. Und dann hörte ich plötzlich meinen Vater sagen: »Nein, es war nicht wegen Israel, es war wegen dir, Aljona. Aber nur, weil er nicht aufhören konnte, mich als verfluchten, verlogenen Zionisten zu beleidigen.«

»Wegen mir?«

»Ja – wegen dir.«

»Nicht jetzt«, sagte sie, »nicht vor Mischa, bitte.«

»Warum willst du ihn nie mehr mit mir besuchen? Warum bist du so stur? Es war früher immer so schön, wenn wir alle zusammensaßen, fast wie in der Gogolskaja. Ich ruf ihn jetzt sofort an und sag ihm, dass du wieder mitkommst, und dann wird wieder alles gut. Ja? In Ordnung? Bitte, Aljonuschka!«

»Nein«, sagte meine Mutter.

»Warum nicht?«

»Was hast du zu ihm über mich gesagt, als er nicht aufgehört hat, sich über deine lächerliche Israelliebe lustig zu machen?«

Mein Vater nahm wieder seine neue Brille ab, auf die er so stolz war, und rieb sich wieder lange die Augen. Dann sagte er: »Dass er sich bei dir endlich entschuldigen soll.«

»Wofür, Gena? Um Gottes willen, wofür?«

»Das weiß er genau«, sagte mein Vater. Er stand langsam und vorsichtig auf, stieß aber trotzdem mit der Schulter gegen den Geschirrschrank, zischte leise vor Schmerz und ging aus der Küche.

»Hör auf, ständig die peinliche Nackte von drüben anzustarren«, sagte meine Mutter so wütend und giftig zu mir, wie sie sonst nie mit mir redete.

Zwei Monate später – mein Vater und Lassik hatten sich nie wieder gesehen – starb Lassik. In dem Nachruf auf den besten und einzigen Freund meines Vaters im Hamburger Abendblatt stand, dass er ein großer Antikommunist und Witzeerzähler war. Und dass sein Traum von einem Denkmal für die Juden von Odessa eines Tages bestimmt auch ohne ihn Wirklichkeit würde, allein schon, weil sich die Axel-Springer-Stiftung darum kümmerte. Die Beerdigung, stand auch noch im Abendblatt, würde im jüdischen Teil des Ohlsdorfer Friedhofs sein. Obwohl er nicht eingeladen war, ging mein Vater hin.

Ich weiß nicht, ob Papa noch oft an Lassik denkt, ich tue es. Alle paar Jahre blättere ich – vor allem, wenn ich schlechte Laune habe – in seinen Büchern. Mein Lieblingsaphorismus von ihm war immer: »Die schönsten Frauen sind die, denen wir gefallen.« Neulich habe ich einen anderen entdeckt, den ich sehr mochte: »Das einzig Gute am Tod ist, dass einem dann keiner mehr dazwischenreden kann.« Ja, und ich kann Lassiks Eppendorfer Telefonnummer immer noch auswendig. Manchmal will ich ihn sogar anrufen, weil ich hoffe, dass ich dann, so wie früher, seine krächzende, weiche Stimme auf dem Anrufbeantworter sagen höre: »Bitte, sprechen Sie schnell, das Leben ist auch so schon kurz genug.«

21.

Ungefähr zwei Jahre, nachdem *Der Kompass* erschienen war, wurde meine Mutter das erste Mal krank, erholte sich aber schnell wieder. Sie hatte mir lange nichts davon erzählt, aber dann saß ich mit ihr in der Bieberstraße im Wohnzimmer, wir guckten eins der letzten Wyssozki-Konzerte – die ungeschnittene Fernsehaufzeichnung vom Januar 1980, von der sie eine Videokassette hatte –, und sie sagte: »Danach hatte er nur noch ein halbes Jahr, so wie ich.« Ich wusste nicht, was sie meinte. Ich dachte, jetzt fängt sie wie andere alte Leute an, nur noch an den Tod zu denken, und antwortete nicht.

Wladimir Wyssozki – so wie immer erstaunlich attraktiv mit seinem runden Ilja-Muromez-Gesicht, den schiefen Zähnen, dem glasigen Wodka- und Morphin-Blick – stand allein mit einer billigen russischen Gitarre in einem Fernsehstudio, dessen Wände im Stil der siebziger Jahre braun und gelb waren. Er hatte eine enge braune Schlaghose an, in der sich alles abzeichnete, einen grünbraunen Pullover mit V-Ausschnitt und darunter ein grünes Hemd mit einem langen, spitzen Hippiekragen, wie ihn damals im Westen schon lange niemand mehr haben wollte. Auf einem kantigen sowjetischen Drehstuhl aus

Stahlrohr und Leder hing seine schwarze Lederjacke, die er am Anfang der Aufzeichnung schief darübergehängt hatte, und wann immer er sich verspielte – was ihm sehr oft passierte –, schlug er zuerst stumm und verzweifelt die Hände vor dem Gesicht zusammen. Danach guckte er sekundenlang den Stuhl an, auf dem er sich offenbar sehr gern kurz ausgeruht hätte.

»Siehst du, wie schlecht es ihm hier schon geht?«, sagte meine Mutter.

»Ja, Mama«, sagte ich schroff, weil sie das alle drei Minuten sagte.

»Sie haben das Konzert damals nicht gezeigt, damit nicht noch mehr Leute denken, sie hätten ihn umgebracht, langsam umgebracht. So wie mich.«

»Was?«

»Ach, ich hab dir das ja noch gar nicht erzählt. Dr. Felosof meint, es kommt von den Exkursionen während meines Studiums, als ich in Kasachstan in der Steppe die Atomversuche gesehen habe. Hast du die Geschichte in meinem Buch nicht gelesen?«

»Doch, natürlich. Sei nicht so eitel.«

»Ich hab's ihm geschenkt, und ein paar Wochen später hat er mich angerufen und mir gesagt, dass ich eine große Schriftstellerin bin. Er ruft mich sonst nie an.«

»Mama, wovon redest du?«

»Es ist etwas mit der Lunge.«

»Sag das noch mal.«

»Eine Schachtel von den Tabletten, die ich bekomme, kostet fast zweitausend Euro. So bin ich noch nie verwöhnt worden!«

»Mama, bitte …«

»Und ich muss alle drei Monate nach Harburg, in die Asklepios Klinik, wo sich lauter schöne, gut erzogene deutsche Ärzte mit perfektem Profil um mich kümmern. Ich glaube, Dr. Felosof irrt sich. Es ist passiert, als ich damals deinen Vater von der Datscha in die Stadt gefahren habe. Weißt du das noch?«

Der berühmte Sänger auf dem riesigen Fernsehbildschirm schwankte auf einmal gefährlich, sein Körper zuckte, aber dann schüttelte er den Kopf und sagte zum unsichtbaren Regisseur: »Ich bitte um Entschuldigung, wir fangen noch Mal an.«

Die meisten Lieder, die Wyssozki bei diesem traurigen Auftritt spielte, kannte ich nicht. Sie hatten fast alle einen strengen Marschrhythmus und handelten vom Krieg, von Soldaten, die sich wie Ameisen von ihren Gegnern zerquetschen lassen, von deutschen Stukas und Offizieren der Roten Armee, die immer hinter den eigenen Reihen blieben, von falschem und richtigem Wagemut. Meine Mutter hatte auf dem großen roten Sofa, auf dem wir nebeneinander saßen, die Beine seitlich hochgezogen. Sie hockte in einer Art halbem Schneidersitz da, wie eine alte, würdevolle Orientalin, und mir wurde plötzlich klar, wie alt sie schon war, welke Haut im Gesicht, dünnes Haar, entzündete Lider. In den Augenwinkeln konnte ich sehen, wie konzentriert und ernst sie zuhörte, manchmal machte sie auch kurz die Augen zu. Dann sagte Wyssozki, dem es offenbar wieder besser ging, direkt in die Kamera: »Mein Vater, der Rotarmist, hat tausend Deutsche getötet, damit es uns allen besser geht. Aber mit seinem Sohn redet er nicht mehr. Er mag nicht, wie ich lebe, können Sie das verstehen? Und jetzt genug vom Krieg! Ich möchte Ihnen ein kleines fröhliches Lied vorspielen, das Sie vielleicht noch nicht kennen. Es heißt *Moja ciganskaja.*«

Mama machte die Augen auf, lächelte, und kaum begann er zu spielen und zu singen, fing sie an, mit den Fingern zu schnippen und sich im Sitzen hin und her zu wiegen. Ich dachte, wie krank ist sie wirklich, warum will sie nicht darüber reden, weiß Papa davon? Und wieso redet er eigentlich nicht mit mir – will er das selbst so oder will das nur seine Nazihure? Dann ließ sich der große Wladimir Wyssozki – der russische Dylan, Aznavour, Neruda – mitten im Song auf den Drehstuhl fallen, und das Konzert war vorbei.

»Kannst du dich noch erinnern«, sagte meine Mutter, während sie den Fernseher und den Videorekorder ausmachte, »dass dein Vater und ich ein paar Wochen vor unserer Ausreise im Haus der Wissenschaftler bei einem Konzert von Wyssozki waren?«

»Nein, Mama. Ich war acht.«

»Ich hab die ganze Zeit geweint, weil er so gut und schön gesungen hat. Ich dachte, so etwas werde ich nie wieder hören, wenn wir im Westen sind. Danach hab ich auch noch die halbe Nacht geweint, und am nächsten Tag bin ich weinend zu deinem Großvater in die Balkovskaja gefahren und hab ihn gefragt, was ich machen soll. Weißt du, Mischenka, ich wollte nie weg.«

»Ich auch nicht«, rutschte es mir raus, aber sie reagierte nicht darauf und sagte schwärmerisch: »Das Haus der Wissenschaftler war im alten Tolstoi-Palast, weißt du? Dort stand im Keller der Flügel, auf dem Franz Liszt gespielt hat, wenn er nach Odessa kam. Was für ein schöner Raum! Als hätte es nie die Revolution gegeben. Mit großem Lüster, glänzendem Holzparkett und Bildern der Grafen Tolstoi an den Wänden. Und dort war auch das Konzert. Wir waren nur ein paar Dutzend Leute, nicht mehr, weil Wyssozki damals noch nicht sehr bekannt war. Er stand die ganze Zeit oder lehnte sich an den Flügel, einmal setzte er sich sogar drauf und spielte sein Poetenlied. Es war so ergreifend! Dein Vater hat mich verliebt und traurig von der Seite angeguckt, während ich weinte, und als wir nach Hause gingen, umarmte er mich einmal lange mitten auf dem Primorskij Boulevard und sagte, dass ich mir keine Sorgen machen soll, dass er mich immer wieder beschützen wird. Ich guckte stumm in der Dunkelheit über seine Schulter zum Hafen. In der Ferne blinkte der Leuchtturm, es roch von unten, vom Meer, nach Muscheln, Salz, Abfall, was weiß ich, und ich fragte mich, wie der Westen riecht.«

»Und was hat Großvater gesagt, als du ihn gefragt hast, was du machen sollst, Mama?«, sagte ich.

»Dass er uns nie vergessen wird, mehr nicht.«

»Bereust du, dass du ihn allein gelassen hast?«

»Er hat auch noch gesagt, dass ich mir keine Gedanken machen soll, weil sowieso jeder allein stirbt.«

»Ein bisschen banal, finde ich.«

»Genug, es reicht.«

Ich guckte auf mein Telefon und sah, dass mich in den letzten zwei Stunden vier- oder fünfmal meine neue Freundin angerufen hatte, eine sehr schlanke, cholerische, blonde Israelin, die meistens in Tel Aviv lebte. Sie war Künstlerin und machte vor allem Videos. Jedes Mal, wenn sie mich in Berlin besuchte, verwandelte sie innerhalb von ein paar Tagen mein Arbeitszimmer in ihr Studio. Sofort standen überall Laptops, Kameras, Monitore. Auf dem Boden und auf meinem Schreibtisch lagen Dutzende Kabel, und mein eigener Laptop verschwand im Bücherregal. Mayan wollte nächste Woche wieder für ein paar Wochen nach Berlin kommen, und plötzlich wusste ich, dass das nicht passieren durfte. Ich wusste natürlich auch, dass ich ihr das sagen musste, wovor ich zwar Angst hatte, aber ich freute mich auch darauf. Dann fiel mir ein, dass sie sich – wir hatten uns vor ein paar Monaten in der Paris Bar kennengelernt – früher nie rasiert hatte und es jetzt für mich tat, und sie tat mir kurz sehr leid.

»Mischa«, hörte ich meine Mutter sagen, »gehst du bitte ins Schlafzimmer und holst mir das große braune Fotoalbum, das auf dem Regal neben dem Bett liegt?«

Ich stand schnell auf, und auf dem Weg zum Schlafzimmer schrieb ich Mayan, dass ich bei meiner Mutter war und sie abends aus dem Hotel anrufen würde.

Ich wusste genau, welches Album meine Mutter meinte, es war noch aus Odessa. Die ältesten Fotos darin zeigten meinen Großvater und meine Großmutter, eine kleine jüdische Frau mit einem fröhlichen Gesicht, einem geflochtenen dicken Zopf und niedriger Stirn, die wie die junge Golda Meir aussah, aber im Gegensatz zu ihr sehr jung gestorben war. Ich machte das Licht im Schlafzimmer an – und erschrak. Überall standen oder saßen große weiße Kuscheltiere – Bären, Hunde, Delfine –, im Bett, auf der alten Seite meines Vaters, lag ein fast menschengroßer, schneeweißer Hase mit langen Armen und Beinen. Ich verstand sofort, was hier los war, aber ich verdrängte den Gedanken daran. Stattdessen nahm ich das Fotoalbum aus dem Regal, setzte mich aufs Bett und blätterte es schnell durch. Es fing sogar noch vor dem Krieg an – mein Großvater als Kind mit seinen sieben armenischen Brüdern, alle in kurzen kaukasischen Schaffelljacken und mit riesigen Papachas auf dem Kopf – und endete in Hamburg mit Fotos, die mein Vater von meiner Mutter und mir auf dem Dom gemacht hatte, in einer Gondel des Riesenrads, die sich gerade senkte, während wir beide nicht besonders gut gelaunt guckten. Warum, dachte ich plötzlich, war keiner von uns

Dreien jemals wieder nach Odessa gefahren, wenn es uns in Deutschland so wenig gefiel?

Im selben Moment kam von Mayan eine wütende SMS, auf die ich kurz kühl und höflich antwortete, dann klingelte es auch noch an der Tür. Während ich hinging, um aufzumachen – das Album stellte ich lieber wieder ins Regal zurück –, dachte ich: Es war doch ganz einfach! Mama wollte nie wieder nach Hause, weil sie auch schon nicht dort war, als ihr Vater starb, und sie ihm nicht den Handrücken streicheln konnte. Mein Vater hasste die Russen und die Ukrainer – aber auch die Juden, die noch immer in Odessa und überall sonst in der alten Heimat lebten. Und ich selbst wollte mit allem, was russisch, ukrainisch, osteuropäisch war und nach Muscheln und Salz roch, nach altem Mottenpulver und *Moskauer Nächten,* nach vergossenem Kwas, nach einer drei Tage alten Wodkafahne und einer vollgepissten sowjetischen Zugtoilette, sowieso nichts zu tun haben. Nur Russisch, die Sprache von Babel, Achmatowa, Wyssozki, dieses große Klang- und Wortwunder, mochte ich immer noch, und ich war froh, dass ich es bis heute mit meiner Mutter sprach.

»Guten Abend, Mischa«, sagte der großgewachsene, elegante Dr. Mohammed Farsi aus dem vierten Stock laut, nachdem ich die Wohnungstür aufgemacht hatte. Er war ähnlich altmodisch-englisch angezogen wie ein älterer Hamburger aus Blankenese, obwohl er fünfzig Jahre vorher in einem Flüchtlingslager bei Amman geboren wurde, und der Druck seiner Hand war wie bei jedem Arzt kräftig genug, damit man ihm nicht misstrauen konnte. »Bist du mal wieder in der Stadt, junger Mann«, sagte er dann etwas leiser, »wolltest du nach deiner Mutter schauen?« Es klang ein bisschen wie ein Vorwurf, aber vielleicht bildete ich es mir nur ein.

»Wie geht's dir, Mohammed?«, sagte ich.

»Wie geht's deiner Mutter? Braucht sie etwas? Ich fahre nachher ins UKE.«

»Frag sie bitte selbst«, sagte ich, »mir erzählt sie fast nichts.«

»Mohammed«, rief meine Mutter aus dem Wohnzimmer, und wegen ihres russischen Akzents wurde aus dem kurzen »h« ein sehr langgezogenes »ch«, »wie schön, dass du gekommen bist. Kennst du Wyssozki? Er war ein sehr berühmter russischer Dichter und Sänger. Er lebt schon lange nicht mehr, weil er sich zu Tode gesungen hat. Sollen wir dir etwas von ihm vorspielen?«

22.

Zuerst ließ er sich einen Bart wachsen, dann erwischte Ela ihn zweimal dabei, wie er auf dem Balkon einen Joint rauchte. Und dann sagte er noch, er wolle mit seinen neuen Freunden zu Hause Silvester feiern.

David, sein Vater, redete schon lange nicht mehr mit ihm. Sie hatten sich nicht gestritten, aber er verstand ihn nicht. »Warum muss er mit ihnen jede Nacht in diesen stinkenden deutschen Bierkneipen sein?«, sagte er zu Ela, die den Sohn noch lange nicht aufgegeben hatte, »und wieso geht er zu Demonstrationen, wo alle Arabertücher und rote Fahnen tragen?« Als einer der schüchternen Freunde des Sohns einmal aus seinem Zimmer rauskam und David fragte, wo die Toilette sei, antwortete er ihm: »Bei uns dürfen bloß Gäste, die wir eingeladen haben.«

Nur nach dem Konzert eines berühmten ostdeutschen Sängers und Dissidenten im CCH, das fast sieben Stunden gedauert hat, hatten Vater und Sohn kurz miteinander geredet. Der Sohn hatte keine Karte gehabt, war aber durch eine unverschlossene Hintertür mit seinen Freunden reingekommen. Als er spätabends nach Hause kam, leuchteten seine jungen Augen vor Glück. »Du weißt, wofür und wogegen dein neuer Held ist?«, sagte der Vater zu ihm. Der Sohn lächelte ihn verächtlich an. »Er ist nicht mein Held, ich mag nur seine Musik«, sagte er und verschwand in der Küche, weil er von dem langen Abend und der Aufregung ausgehungert war.

Obwohl David dagegen war, ließen sie den Sohn an Silvester mit seinen neuen Freunden allein und fuhren zu Kostja Fegin nach Winterhude, auf die andere Seite der Alster. Fegin war ein alter Freund von David aus Odessa, der auch in Deutschland am Neujahrsabend immer sehr viele Leute zu sich einlud. Kurz nach Mitternacht – Fegin hatte beim Anstoßen versucht, Ela zu küssen, aber sie drehte sich zum Glück schnell genug weg – wurde ihr unwohl. Sie dachte, das habe mit seinen Unverschämtheiten zu tun und vergaß es gleich wieder.

Das nächste Mal schaute sie gegen drei auf die Uhr und merkte, dass sie sich noch immer schlecht fühlte. Inzwischen war sie sicher, dass es nicht wegen Fegin war. Sie kannte diese Art von Unwohlsein genau. Es kam – Stein im Bauch, kribbelnde Kopfhaut, manchmal auch leises Ohrensausen – immer dann, wenn sie eine von ihren Vorahnungen hatte. Einmal zum Beispiel hatte sie dieses unbestimmte Gefühl gleich mehrere Tage gehabt, bis man sie wegen eines Arbeitskollegen in die Bebelstraße zum Gespräch vorgeladen hatte, wo sie sich aber schnell rausreden konnte. Danach war es wieder weg. Ein anderes Mal kriegte sie es, bevor sie und David von ihrer Datscha in Arkadia in die Stadt zurückfuhren und sich auf der Fahrt einer der Autoreifen löste und sie beide fast umgekommen wären. Jetzt wusste sie genau: Es ging um ihren Sohn, er war in Gefahr. Sie mussten sofort nach Hause fahren!

Als sie mit dem Auto in ihre kleine Seitenstraße in der Nähe der Universität einbogen, sahen sie das ganze Unglück schon von Weitem. Vor dem großen alten Jugendstilhaus, in dem sie so gern lebten, lagen kaputte Blumentöpfe, winterlich verdorrte Pflanzen, Leinwände, die jemand aus den Bilderrahmen gerissen hatte. Kissenfedern tanzten im Hamburger Winterwind über dem Bürgersteig, überall glänzten und glitzerten Scherben und zerschlagene Bierflaschen. Ela dachte, wie hübsch, das sieht fast so aus wie das Eismeer in der Antarktis, mit seinen vielen kreuz und quer stehenden Eisschollen.

Sie stieg vor David aus dem Auto und ging langsam zum Haus. Dabei beugte sie sich über eine der Leinwände und erkannte darauf in der Dunkelheit sich selbst, mit fünfzehn, wie sie mit ihrem Vater im Hof in der Moldowanka an einem langen Tisch saß und Wassermelone aß. Er hatte dieses Bild gemalt und ihr geschickt, nachdem David, sie und der Sohn aus Odessa weggegangen waren. Ein paar Schritte weiter waren noch mehr Glassplitter und Scherben. Sie stammten von der Eingangstür ihres Hauses, die jemand eingetreten hatte. Während Ela die Treppe hochging, hörte sie ein leises Wimmern, das immer lauter wurde. Sie war jetzt vollkommen ruhig, so ruhig, wie man es immer kurz nach einem verrückten Ereignis ist.

Als sie in ihrer Wohnung noch mehr Scherben, Federn und zerschlagene Möbel sah, wurde sie noch ruhiger. Das Wimmern kam aus dem Zimmer des Sohns. Sie stolperte und schlängelte sich zwischen seinen neuen Freunden durch, die sie zuerst gar nicht wahrnahmen. Sie saßen auf dem Boden und starrten sich stumm an oder küssten sich, nur manche standen wortlos auf, als sie Ela sahen, und gingen weg. Der Sohn lag in seinem Zimmer auf dem Bett und weinte. Sie setzte sich neben ihn, er legte seinen Kopf auf ihren Schoß, dann begann sie, wie früher, als er ein Kind war, seinen Unterarm zu streicheln. Bald weinte er nicht mehr, aber jetzt kamen ihr die Tränen, gleichzeitig verschwand das dumpfe Unwohlsein von vorhin. Er hob den Kopf und sagte zu ihr: »Mama, was ist passiert? Warum haben die das gemacht?«

Ein paar Tage später – Ela hatte mit dem Sohn überall die Scherben aufgesammelt, sie hatte unten zwei große neue Glasscheiben in die Eingangstür des Hauses einsetzen lassen und einen Zettel im Treppenhaus aufgehängt, auf dem sie sich zusammen mit dem Sohn bei allen Nachbarn entschuldigte – traf sie bei Edeka am Grindelhof die Hausbesitzerin. Sie war eine alte, oft ängstliche Frau, die in diesem schönen großen Jugendstilhaus geboren war und dort bis heute allein lebte.

Das Gespräch, das sie miteinander führten, hatte Ela nicht mehr vergessen. Ela entschuldigte sich noch einmal bei ihr, worauf die alte Frau ihr zuerst die Hand auf den Unterarm legte, mit dem sich Ela auf dem Einkaufswagen abstützte. Danach sagte sie so viele Sätze zu ihr wie noch nie vorher: »Machen Sie sich keine Sorgen, meine Liebe. Dieses Haus und diese Straße haben viel erlebt. Ich war sechs oder sieben, als hier schon einmal überall Scherben und zertrümmerte Möbel herumlagen und meine Eltern dachten, es ist alles vorbei. Aber das stimmte nicht. Viele Jahre später sind sogar die Seligs aus dem ersten Stock zurückgekommen und haben uns besucht, um sich bei meinem Vater zu bedanken. Weil er ihnen damals das Haus abgekauft hat, schafften sie es bis nach Amerika – davon konnte unsereins nur träumen! Jetzt waren sie wieder da und staunten, wie schön es bei uns wieder war. Die Jugend macht eben immer zuerst alles kaputt und danach selbst alles noch viel schöner.«

Sie machte eine Pause, als ob sie kurz über etwas sehr Wichtiges nachdenken müsse, die vielen Falten in ihrem grauen Gesicht glätteten sich kurz wie von selbst. »Bei ihren Leuten da unten«, sagte sie, »ist es ja auch nicht anders, nicht wahr?«

Bevor Ela etwas antworten konnte, drehte sich die Alte um und ging langsam weg. Ela kam es so vor, als ob sie dabei versteckt lächelte.

23.

Als ich diese Erzählung im Sekretär meiner Mutter fand und sofort las – sie hieß *Neue Freunde* –, erinnerte ich mich das erste Mal seit Jahren wieder an die Silvesterkatastrophe 1977, nach der sich für mich so viel verändert hatte, was mir aber erst im Lauf der Jahre klar wurde. Meine Mutter hatte die Sache genauso erzählt, wie sie passiert war. Aber sie hatte nicht erwähnt – oder es absichtlich weggelassen –, dass ich, »der Sohn« aus der Geschichte, wegen der fürchterlichen Neujahrsparty den meisten Menschen in meinem neuen Land nie mehr wirklich getraut habe, auch wenn das vielleicht ungerecht war. Ich ging nach der Schule wieder allein nach Hause, ich saß allein in den Kaffeestuben am Grindelberg, wo es immer so fremdartig nach Karottenkuchen, Polenta und billigem holländischem Tabak roch, ich las auf Russisch Babel und die *Zwölf Stühle* und verachtete die jungen Deutschen an den Nebentischen mit ihren fleckigen Hesse- und Verena-Stefan-Bändchen. Ich hatte auch keine Lust mehr, solche Mädchen zu berühren, die zusammen mit ihren Jungs unsere Wohnung und unsere geliebte Bieberstraße verwüstet hatten, ich wollte nicht bei ihnen übernachten und mit ihren ernsten Familien am Sonntagmorgen frühstücken.

Lieber stand ich nächtelang allein und schlecht gelaunt im Billardzimmer der Bierstube Gantz in der Grindelallee, legte irgendwann mein Markstück unter die Bande, wartete, bis ich dran war, um gegen den letzten Gewinner zu spielen und so lange weiterzumachen, bis ich gegen einen anderen verlor. Dann war es meistens schon zwei oder drei Uhr nachts, und ich konnte ins Bett gehen. An der Ecke Bornstraße und Grindelhof musste ich, ohne mich mit den Händen abzustützen, mit gespreizten Beinen über einen einsamen Absperrpfosten springen, das hatte ich mit mir selbst so ausgemacht. Ging alles gut, verschwand meine Traurigkeit schnell, und ich schlenderte, neugierig auf den nächsten Tag, durch die Nacht nach Hause, wo Mama auf dem roten Sofa saß und auf mich wartete. Als ich sie fragte, warum sie immer noch wach war, legte sie ihr Buch weg und ging, ohne mir einen Vorwurf zu machen, ins Bett.

Eigentlich springe ich noch immer über den schiefen Poller in der Bornstraße Ecke Grindelhof – wenn ich einen traurigen Emigrantenroman nach dem anderen schreibe, wenn ich in einem Interview mal wieder etwas Respektloses über Novalis oder Handke sage, wenn ich bei einem Abendessen oder in der Paris Bar – vorne rechts auf der Lederbank für die Stammgäste – einem Menschen, den ich noch nie vorher gesehen habe, mit sechs, sieben Fragen so tief in die Seele eindringe, wie es nicht einmal seine besten Freunde tun würden. Dabei frage ich mich oft, ob es auch diesmal wieder gut gehen wird und ich keine Ohrfeige kriegen werde – aber bisher ist noch nie etwas passiert.

Neulich saß ich zum Beispiel in einer halbleeren Wohnung ganz oben in dem DDR-Turm am Hackeschen Markt mit ein paar Leuten von der FAZ, und wir redeten bei Peking-Ente und Wantansuppe vom Restaurant Jolly am Kupfergraben darüber, wie wenig sie damit einverstanden waren, was sie selbst schrieben. Ich hörte ihnen kaum zu und erinnerte mich an die amerikanische Türkin von der Max-Hetzler-Galerie – langes Vogelgesicht, sehr kleine Brüste –, mit der ich einige Monate vorher in diesem Haus ein paar flüchtige Küsse getauscht und ewig darüber geredet hatte, warum sie von Berlin so enttäuscht war.

Dann hörte ich plötzlich, wie einer der Journalisten am Tisch sagte, sie könnten als Deutsche nie etwas richtig machen, egal, wie sehr sie versuchten, die andere Seite zu verstehen. Er war ein großer, blonder Mann mit halblangen, schon langsam ausfallenden Haaren, einem intelligenten, charmanten Gesichtsausdruck und einer donnernden Stimme.

»Kennst du *Damals in Odessa* von Heinrich Böll?«, sagte ich zu ihm.

Er nickte überrascht.

»Es ist eine unglaublich gute Geschichte«, sagte ich, »findest du nicht?«

»Ich weiß nicht«, sagte er, »ich habe sie das letzte Mal in der Schule gelesen.«

»Bist du nicht selbst auch aus Odessa?«, sagte ein anderer. Er sah genauso grau und schwermütig aus wie die vielen Hausmeister beim Spiegel in Hamburg, die ich in meinem Leben schon gesehen habe, trug immer zu große billige graue oder schwarze Pullover und zog seine weiten Hosen über den Bauchnabel.

»Ja, das bin ich«, sagte ich, »und der Soldat in der Geschichte betrinkt sich mit seinen Freunden genau in dem Viertel, wo früher mein Großvater gewohnt hat. Er ist sehr traurig, weil er am nächsten Tag auf die Krim fliegen muss, wo er sterben wird.«

»Ja, genau, fantastisch«, sagte der Blonde donnernd.

»Und was ist das Problem?«, sagte der Zweite.

»Dass in der traurigen Böll-Geschichte mit keinem Wort die Leute erwähnt werden, die einmal in diesem Viertel gewohnt haben und ein paar Monate vorher von anderen traurigen deutschen Soldaten erschossen oder verbrannt wurden.«

Beide guckten mich stumm und entsetzt an, der Blonde presste seine ohnehin dünnen Lippen zusammen, der schlecht Angezogene riss die Augen auf. Dann sagte er: »War Odessa nicht von den Rumänen besetzt? Die müssen dort besonders schlimm gewütet haben.«

»Vielleicht könnt ihr die andere Seite gar nicht verstehen«, sagte ich. »Darum seid ihr so unglücklich.«

Sie sahen beide weg, wie Hunde, die beim Wühlen in einem Mülleimer erwischt wurden, statt auf mich mit Händen und Füßen loszugehen, und ich beschloss zufrieden, nach dem Essen bei der amerikanischen Türkin zwei Stockwerke tiefer zu klingeln, vielleicht würde sie diesmal weniger reserviert sein.

Was ich eigentlich sagen wollte: Es ist wirklich sehr schade, dass Mamas letzte gute Erzählungen nicht mehr erschienen sind, vor allem *Neue Freunde* und die KGB-Backgammon-Story hätten es verdient. Für ein Buch gab es nicht genug Geschichten, das war mir immer selbst klar, aber wenn ich jemanden von einem Verlag fragte, ob er nicht wenigstens etwas Kurzes aus dem Nachlass meiner Mutter in seiner Zeitschrift oder in einer Anthologie abdrucken wolle, bekam ich entweder keine Antwort. Oder er schrieb mir: »Schöne Geschichten, aber es reicht nicht, dass sie deine Mutter war. Bei einem Roman wäre das vielleicht etwas anderes.«

Darum habe ich einmal sogar überlegt, unter Mamas Namen etwas Längeres zu schreiben und mich hinterher zu freuen, wenn so ein Buch erscheinen würde. Ich hatte auch schon eine Idee und machte mir ein paar Tage lang Notizen – bis ich merkte, dass mich der Hass meiner Mutter auf meinen Vater und auf seine große Israellüge, die sie zuerst die Heimat und dann das Leben kosten sollte, gar nichts anging. Und dass ich ihr dieses Thema natürlich nicht wegnehmen durfte, obwohl sie selbst nicht mehr darüber schreiben konnte, weil sie inzwischen so tot wie ein Stein auf dem Jüdischen Friedhof in Ohlsdorf lag – keine fünfzig Meter vom gierigen Lassik entfernt, hinter ein paar dichten, im Frühling und Herbst blutrot blühenden Rhododendronbüschen.

Mein Vater würde später aber ganz woanders liegen. Das hatte er mir selbst bei unserem einzigen und letzten Treffen in seinem Haus in Othmarschen erzählt, nachdem ich ihn so wütend angeschrien habe wie noch nie jemanden vor ihm: In der alten Heimat natürlich, auf der südlichen, von morgens bis abends in der Sonne kochenden Südseite des Ölbergs in Jerusalem.

24.

»Gestern war Martha wieder bei mir«, schrieb mir meine Mutter am 23. Februar 2009 in einem der Briefe, die sie nie abschickte, »und sie wollte den ganzen Abend nicht gehen. Sie hat mir mal wieder die ganze Geschichte ihrer Mutter erzählt, und dann hat sie mich wegen deines Vaters ausgefragt, weil sie ihn ein paar Tage vorher im NDR-Magazin gesehen hat. Er ist jetzt der Chef der Deutsch-Israelischen Gesellschaft in Hamburg, das wusste ich gar nicht, ich glaube, sie haben ihn zum Gazakrieg interviewt. Sie meinte, er wäre älter geworden und schlanker und würde sich anders anziehen als früher, teurer, aber auch spießiger. Er hat jetzt eine kleine randlose Brille, meinte sie, und wegen seiner Glatze hat er sich die Haare ganz abrasiert, aber das stehe ihm sogar.

Ich werde diese Frau nie los! Sie wollte sogar wissen, ob Papa und ich uns noch sehen und warum ich allein geblieben bin und wie ich mir das vorstelle, wenn ich älter bin. Wenn ich eins von diesen kräftigen Weibern vom Privosmarkt wäre, hätte ich ihr eine solche Ohrfeige gegeben, die sie nicht mehr vergessen hätte. Aber ich habe nur gesagt: ›Ich bin schon älter, Marthachen, und noch geht es sehr gut.‹ Gut, oder? Bestimmt willst du das alles gar nicht wissen, *synok,* darum schreibe ich dir ja auch gar nicht. Eigentlich war die Idiotin nur da, weil sie wissen wollte, wann du uns endlich sagen kannst, ob du bei dem Film über mich mitmachst oder nicht. Sie will zuerst mit uns nach Odessa fliegen, von dort nach Moskau mit dem Zug fahren, und in Hamburg dreht sie den letzten Teil. Über Kasachstan hat sie nicht mehr geredet, wahrscheinlich wäre das zu teuer, aber ich dachte, wenn schon, denn schon, und dass ich ihr das später noch sagen werde. Nach ihrem Roman hat sie sich übrigens nicht mehr erkundigt. Oder hat sich Suhrkamp doch noch gemeldet? Ruf mich gleich an, wenn du diesen Brief bekommen hast. Ich küsse dich ganz fest! Deine schlechte Mutter.«

Wie gesagt, ich habe diesen Brief nie bekommen, und Mama und ich haben auch sonst selten über Marthas Film geredet, der am Ende nie gedreht wurde. Nur als sie das zweite und letzte Mal krank wurde, hat sie mich noch einmal direkt danach gefragt. Das war in Hamburg, nicht am Telefon. Ich hatte kurz die Arbeit unterbrochen, weil ich nicht weiterkam, und war darum zu ihr gefahren, aber schon als ich am Dammtor aus dem Zug ausstieg, bereute ich es, weil ich plötzlich einen neuen Einfall hatte.

Am gleichen Tag gingen wir wie so oft ins Block House am Grindelhof, das es heute nicht mehr gibt – dort ist jetzt ein schlechtes, teures Restaurant für Reiche, wo ich in den Tagen nach Mamas Beerdigung öfters allein Mittag gegessen habe. Mama hatte damals nur eine Fanta und eine Ofenkartoffel mit Quark bestellt, sonst nichts, die sie aber auch nicht ganz aufaß. Beim Essen fragte sie mich auf einmal, was ich gegen die Sache mit dem NDR-Film hätte, und sie war so direkt bei diesem Thema wie noch nie. Ob es daran liege, dass ich beim Verreisen immer komplizierter wurde? Ob ich Angst vor Odessa hätte, so wie sie? Oder ob ich ihr die große Bühne des Fernsehens nicht gönnte? Ja, ich glaube, das fragte sie auch, aber ich bin mir nicht mehr ganz sicher. Ich weiß nur noch, wie grau und brüchig die Haut in ihrem sonst so jungen Gesicht war, wie langsam sie sich bewegte. Und wie sie beim Rausgehen mit dem Ellbogen gegen die Restauranttür stieß, die ich ihr aufhielt, und dabei stumm vor Schmerz die Augen kurz schloss.

Nach dem Mittagessen gingen wir nicht gleich nach Hause, sondern kurz auf dem Campus der Universität spazieren, das hatte sie sich gewünscht. Wir bogen vom Grindelhof in die Hartungstraße ein, wo die Kammerspiele waren, deren Gästen ich früher immer in den Pausen auf dem Klavier etwas vorgespielt hatte. Dann gingen wir an der alten, roten, mit wildem Wein bewachsenen Post in der Schlüterstraße vorbei. Kaum standen wir vor der riesigen Sechziger-Jahre-Muschel des Audimax, wehte uns derselbe nasse, scharfe Wind ins Gesicht, der auf dem freien Universitätsgelände mit seinen wenigen Gebäuden und dem kleinen, traurigen Hochhaus in der Mitte immer wehte. Über uns kreiste, vor Langeweile laut schreiend, ein Schwarm Möwen.

Mama war hier oft – allein, aber manchmal auch mit Martha oder mit der inzwischen uralten Frau Lernet-Fabinger aus dem Erdgeschoss, die immer noch lebte und genauso runzlig und geduldig wie ein indischer Heiliger auf ihren Tod wartete. Sie wohnte in der Bieberstraße schon seit den dreißiger Jahren, fast so lange wie die inzwischen tote Hausbesitzerin, Frau Ould, und sie erzählte meiner Mutter einmal, dass auf dem heutigen Campus vor dem Krieg überall armselige dunkle Mietshäuser gestanden hätten, in denen die Dienstmädchen und Chauffeure der reichen Herrschaften aus dem Grindelviertel gewohnt haben. Und das erzählte meine Mutter jetzt mir.

»Eigentlich meinte sie ›reiche Juden‹«, sagte sie lachend, »aber sonst ist sie nicht mehr so giftig wie früher.« Dann stützte sie sich – von unserem Spaziergang und dem langsamen, heimtückischen KGB-Gift in ihrem Blut und in ihren Lungen völlig außer Atem – bei mir ab und sagte: »Glaubst du, ich denke, ich hätte einen solchen Film verdient? Ich bin doch nicht die Achmatowa.« Und dann: »Ich hab auch Angst, nach Hause zu fahren, Mischenka, so wie du! Ich weiß doch genau, wie es wird: Bestimmt wird Martha mit uns in die Gogolskaja gehen wollen und dort an der Tür unserer alten Kommunalka klingeln, wo jetzt irgendwelche kulturlosen Neureichen mit ihren ausgemergelten Siamkatzen und sechs Riesenfernsehern wohnen, in jedem Zimmer einer. Und wir werden für die Idiotin hundertmal die Potemkin-Treppe rauf- und runterlaufen müssen, sie scheucht uns mit ihrem Kamerateam zum Strand von Arkadia, und ich muss mit ihr in die alte Entbindungsklinik im Schewtschenko-Park – wenn es sie noch gibt –, vor der ich kurz vor deiner Geburt saß und ein kleines grünes Äpfelchen aß und auf meinen Arzt wartete, die Geschichte ist in meinem Buch. Und dann wird sie uns auch noch zu Djeduschka auf den Friedhof schleppen und zu seinem alten Haus in der Moldowanka. Und das« – sie holte kurz schwer Luft, bevor sie weitersprach – »halte ich nicht aus! Weißt du, *moj maltschik,* ich glaube, dein Großvater ist immer noch dort, überall, in jedem schiefen Pflasterstein auf der Djeribasovskaja, in jedem Akazienbaum, in jedem Hustenkrampf der TBC-Kranken im Sommer, in den prallen kaukasischen Weintrauben der georgischen Händler und in den ewigen Todesschreien aller unserer Kriegstoten, und er wartet auf mich.«

Sie löste sich von mir, machte ein, zwei Schritte nach vorn, wurde von dem gewaltigen Wind fast umgeweht, hielt sich wieder an meinem Ellbogen fest und sagte: »Komm, lass uns auf die andere Seite der Uni gehen, zum Wirtschaftsinstitut, mal sehen, ob bei meinem alten Chef noch Licht brennt. Wenn er hier überhaupt noch arbeitet.« Erneut machte sie ein paar Schritte, diesmal so kräftig und schnell, als wäre sie plötzlich zwanzig Jahre jünger und gesund. Als ich sie eingeholt hatte, blieb sie stehen und schaute, so klein wie sie im Alter geworden war, zu mir hoch. »Ich hätte deinen Großvater nicht allein lassen sollen, als es mit ihm zu Ende ging. Versprich mir, dass du bei mir bist, wenn es so weit ist. Bitte!«

»Mama, hör auf«, sagte ich, »was redest du?«

»Ich rede und sage, was ich will«, sagte sie und ging, jetzt wieder müde und langsam, vorbei an dem kleinen Ententeich weiter in Richtung Abaton-Kino, an dem gerade die Lichter angingen, obwohl es erst drei Uhr nachmittags war.

»Wolltest du nicht nach deinem alten DKP-Professor schauen?«, rief ich ihr hinterher. Aber sie hörte mich nicht, weil die Möwen über uns jetzt völlig verrückt spielten.

Ein paar Monate später steckte in meinem Briefkasten in Berlin ein großes braunes Kuvert. Ich drehte es um – und mir wurde kurz schlecht. Auf der Rückseite stand, in großer, feiner Handschrift von beinah kalligrafischer Präzision, nur ein Name, mehr nicht: Martha Neustadt. Im Kuvert, das ich noch im Hausflur aufmachte, lagen ein neues Manuskript und ein Brief, in dem Martha nichts über ihren ersten Roman sagte und auch nichts über den Film, den sie mit uns machen wollte. Sie bat mich nur, ihr neues Buch zu lesen und ihr zu schreiben, wie ich es fand. Es ging, schrieb sie, um Bruno Gröning, einen der vielen Wunderheiler, die nach dem Krieg in Deutschland auftauchten und den seelisch und körperlich zerstörten Menschen halfen, über das Schlimmste hinwegzukommen. Ihre Mutter habe Gröning damals zufällig im Vorbeigehen gesehen, wie er sich im größten Hotel der kleinen Bezirksstadt auf den Balkon gestellt und Hunderte von Menschen mit starren Blicken, lauten Seufzern und dem Verteilen von Silberpapierkügelchen, in denen seine Haare und Nägel waren, glücklich gemacht habe. Erst habe sie darüber gelacht, aber dann habe sie ihn selbst aufgesucht, und wie es weiterging, erzähle sie, die Tochter, jetzt in ihrem Roman.

Wir werden diese Frau nie los, dachte ich, während ich den Brief und das Manuskript in den Umschlag zurückschob. Erst wollte ich ihn in den Abfalleimer werfen, der bei den Briefkästen stand – aber etwas hinderte mich daran.

25.

Im ersten Hof in der Gogolskaja standen vom Frühling bis zum Herbst zwei lange Holztische nebeneinander und um sie herum viele alte, meist wackelige Stühle, die nie jemand wegräumte, auch nicht, wenn es regnete – das wusste ich noch. Die Erwachsenen saßen dort fast jeden Tag – abends sowieso –, und ich durfte wie alle Kinder meistens so lange bei ihnen bleiben, bis ich auf dem Schoß meiner Mutter, meines Vaters oder eines unserer Nachbarn einschlief und nach oben in mein Bett getragen wurde. Wenn ich aufwachte, war es schon wieder morgen, und ich rannte dann oft schnell nach unten zu den anderen. Aber im Hof war niemand, denn es war noch so früh, dass bis jetzt in keinem der riesigen schwarzen Hinterhofhäuser ein Wecker geklingelt oder jemand das Radio angemacht hätte, um zu den Frühnachrichten seine Morgengymnastik zu machen. Nur aus einem offenen Fenster über der Einfahrt zum zweiten Hof hörte ich einmal das verzweifelte Schreien und Seufzen eines Mannes und einer Frau. Ich lief sofort wieder zu meinen Eltern nach oben, sprang erschreckt in ihr Bett und sagte ihnen, sie müssten die Miliz holen, weil bei uns jemand umgebracht werde. Sie lachten, drehten sich jeder auf seine Seite und schliefen noch einmal ein.

In meiner Erinnerung war es in unserem Hof eigentlich immer nur Sommer. Es lief viel Musik – oft moderne sowjetische Schlager und noch öfter alte Odessiter Tangos von Utjessow und Wertinski –, und die schönen, warmen Sonnenstrahlen drangen nur mit Mühe durch die dichten Blätter über uns. Wenn es am frühen Abend langsam dunkler wurde, machten die Erwachsenen die große Lichterkette an, die sich von Baum zu Baum durch den ganzen Hof zog, und drehten die Musik noch ein bisschen lauter.

Worüber sie redeten, wenn sie zusammensaßen, weiß ich natürlich nicht mehr. Meine Mutter hat mir später erzählt, dass sie sich wenig gestritten haben, denn bei uns wohnten fast nur Juden, die wie fast alle Juden kaum tranken, und wenn sie doch aneinander gerieten, ging es meistens um Israel und alles, was damit zusammenhing. Wir hatten viele jüdische Kriegsveteranen im Haus, sagte sie, die am 9. Mai mit ihrer Uniform und Dutzenden von Orden auf der Brust zur großen Parade auf dem Platz der Oktoberrevolution gingen und jeden, der sich ein Leben in Tel Aviv oder Haifa vorstellen konnte, als antisowjetischen Verräter betrachteten. Und es gab andere – etwas jüngere – Hausbewohner, für die das Wort »Kommunist« so leer war wie ein längst ausgetrunkenes Glas von einem nicht sehr guten Wein. Sie wussten genau, dass sie als Juden ihr schönes Leben als Parteifunktionäre, Wissenschaftler oder Direktoren von Betrieben nur Stalins Tod verdankten – denn wäre er nicht gleich am

Anfang seiner Jagd auf die Juden im glorreichen März 1953 gestorben, wären sie jetzt gar nicht am Leben oder würden in Birobidschan Holz hacken. Und dann gab es meinen Vater, der nicht bloß ein bisschen von Israel träumte wie andere, sondern wie besessen Hebräisch lernte, heimlich für Ma'ariv und die russischsprachige israelische Einwanderer-Zeitung schrieb, mit seinen Jungisraeliten im alten Jiddischen Theater über die Thora, den falschen Messias Schabbatai Zwi und die Richtigkeit und Brutalität von Jabotinskys hartem Kurs gegen die Araber diskutierte – und ab und zu zum Verhör in die Bebelstraße musste. »Er war eigentlich immer der Erste«, sagte meine Mutter, wenn sie sich an die Abende in unserem Hof in Odessa erinnerte, »der wegen etwas wütend wurde.«

Manchmal wurde mir von den langen Gesprächen der Erwachsenen unter den alten Kastanienbäumen in unserem Hof, die angeblich noch aus Deribas' Zeiten stammten, so langweilig, dass ich nicht mehr still sitzen konnte. Mit den anderen Kindern wollte ich aber nie spielen, ich weiß bis heute nicht, warum. Dann nahm ich mir entweder ein Buch und setzte mich direkt unter eins der helleren Lämpchen der Lichterkette und las. Oder ich holte von oben meinen Fußball und drosch ihn immer wieder laut gegen das rostige Tor der Garage, das schon so lange nicht mehr gestrichen worden war, dass man in ihm noch die Einschusslöcher aus dem Krieg erkennen konnte. Ich ging den anderen damit natürlich wahnsinnig auf die Nerven, aber meistens sagten sie nichts. Nur einmal schrie mich mein Vater, der sonst fast nie schrie, plötzlich an. Ich solle mit meinem Ball nach hinten verschwinden, in den anderen Hof, brüllte er, dort würde man mich nicht hören, nicht sehen, und überhaupt hätte er einen sehr schweren Tag gehabt und wisse noch nicht einmal, wie er enden würde. So erzählte es mir jedenfalls meine Mutter. Heute weiß ich natürlich, was ihn so nervös gemacht hatte, aber damals hatte ich keine Ahnung, worum es ging, und ich bekam auch nicht mit, als irgendwann später am Abend zwei Typen in hellen Sommeranzügen in unserem Hof auftauchten und ihn abführten.

Was ungefähr zur selben Zeit im zweiten Hinterhof passierte, wusste ich dafür genau. Zuerst saß ich beleidigt neben der dunklen Einfahrt auf meinem Ball. Dann hob ich ihn auf und ging noch ein Stück weiter rein, um eine freie Wand zu suchen, an der ich weiterspielen konnte. Aber es war hier viel dunkler als bei uns, darum sah ich fast nichts. In den meisten Fenstern war kein Licht, die Hofbeleuchtung ging nach ein paar Sekunden wieder aus. Nur in der Mitte stand eine einzelne alte, aufwendig verzierte Straßenlaterne, wie ich sie sonst nur aus der Puschkinstraße und dem Primorskij Boulevard kannte, und flackerte hilflos vor sich hin. Plötzlich hatte ich eine Idee: Ich würde versuchen, die Laterne zu treffen, und für jeden Treffer gäbe es einen Punkt, genau! Ich legte den Ball auf den Boden und suchte dabei lange den richtigen

Punkt, wie einer der Fußballer vor einem Elfmeter im Tschernomorez-Stadion, wo ich oft mit meinem armenischen Großvater war. Dann ging ich ein paar Schritte zurück, lief an, schoss – und traf die Laterne zu meinem Unglück so gut, dass sie mit einem lauten Klirren schwarz wurde. Gleichzeitig gingen die wenigen Lichter in den Hoffenstern über mir aus, und wenn ich auf den Schalter der Hofbeleuchtung drückte, passierte nichts mehr.

Was hatte ich bloß gemacht? Waren wegen mir im ganzen Haus die Sicherungen kaputt gegangen? Ich guckte durch die Einfahrt in unseren Hof – und dort war es genauso stockdunkel! Ich wagte mich vorsichtig ein paar Schritte in die Einfahrt vor, so weit, bis ich die Erwachsenen hören konnte. Zu sehen waren nur ihre Schatten, mehr nicht, und als jemand sagte: »Diese verfluchten Bolschewiken, von Elektrifizierung verstehen Sie genauso viel wie von Sex!«, rannte ich los, immer an der Wand entlang, zur Straße, aber hier war auch alles nachtschwarz. Die Häuser in der Gogolskaja standen stumm und tot nebeneinander wie die Riesen aus den Afanassjew-Märchen, und wenn ich in Richtung Meer und Hafen guckte, war dort noch mehr beängstigende Dunkelheit, man hörte nur ab und zu das Tuten eines Dampfers und von noch weiter weg eine Sirene. Sogar der große Leuchtturm war aus.

Zuerst weinte ich leise, dann laut, dann schnaufte und seufzte ich nur noch – und dann lief ich wieder los. Weg, bloß weg! Ich musste weg von hier, für immer verschwinden, denn ich hatte ein so großes Verbrechen begangen, dass dafür bestimmt noch keine Strafe erfunden worden war!

Erst hetzte ich die Straße runter, zum Wasser, danach zu der langen Metallbrücke, über die wir immer am Sonntag liefen, wenn Mama und Papa am Primorskij spazieren gehen wollten. Aber als ich auf der anderen Seite war, machte ich einen Fehler und bog nach rechts ab, in eine Gegend, die ich nicht kannte. Auch hier war alles dunkel, und etwas weiter weg stand ein riesiges Gebäude, dessen hohes, majestätisches Dach sich kaum sichtbar gegen einen schwarzen Himmel abzeichnete, in dem in dieser Nacht kein einziger Stern war. Ich schluchzte immer noch leise, dann wurde das Weinen wieder heftiger. Als ich schließlich erschöpft neben einer mir völlig unbekannten Statue anhielt – ein großer Sockel, auf dem mehrere Gestalten eng verschlungen nebeneinander kauerten, so viel konnte ich erkennen –, rutschte ich einfach daneben auf den Boden und versuchte zu überlegen, was ich als Nächstes tun sollte. Ein paar Sekunden später schlief ich schon ein.

Der Wärter, der mich am nächsten Morgen neben der berühmten Laokoon-Statue vor dem Archäologischen Museum fand, brachte mich nach Hause. Er war jung und schlecht rasiert, sein grauer Kittel war voller Flecken, er hatte Reste von Essen in den Mundwinkeln, und vermutlich war er ein bisschen schwachsinnig, was sogar mir als Kind auffiel. Als ich ihm – auch jetzt wieder weinend – gestand, dass ich deshalb weggelaufen war, weil ich in der ganzen Stadt alle Lichter kaputt gemacht hätte, lachte er mich aus. »Stromausfall, k-k-kleiner Junge«, sagte er stotternd zwei-, dreimal hintereinander, »von Malyj Fontan bis ganz oben nach Alexandrowka!«

»Also war ich das gar nicht?«

»D-d-du?«, grunzte er und lachte, weil ich offenbar noch blöder war als er. »Mit einem kleinen Fußball? D-d-das war nur ein dummer Zufall, mehr nicht.« Und er lachte wieder so laut und abgehackt wie der Verrückte, der er war.

Als wir zehn Minuten später in der Gogolskaja ankamen und er meiner Mutter erklärte, was passiert war und wo er mich gefunden hatte, hörte sie ihm kaum zu und war auch nicht böse auf mich. »Geh dich schnell waschen, Mischka«, sagte sie, »und zieh dich um. Du hast überall Erde und Gras. In der Küche stehen zwei Butterbrote, und Milch ist auf der Fensterbank. Danach überlegen wir, ob du heute in die Schule gehst. Papa kann dich leider nicht bringen, weil sie ihn …« Sie weinte, aber nur kurz, sie wischte sich mit dem Taschentuch das Gesicht ab, und dann ging sie in die Hocke, hielt mich an beiden Armen fest, guckte mir viel zu tief in die Augen und sagte: »Versprich mir, dass du später nicht so ein Dummkopf sein wirst wie er, Mischenka! Ja?« Ich nickte, obwohl ich nicht wusste, wovon sie redete. Sie bedeckte mein

Gesicht mit einem Dutzend erbärmlicher feuchter Küsse, die sich mit ihren – und irgendwann auch wieder mit meinen eigenen – Tränen vermischten.

Diesmal musste mein Vater zwei Nächte und drei Tage in der Bebelstraße bleiben. Als er nach Hause kam – unausgeschlafen, gut gelaunt, mit einem langen, roten Peitschenstriemen auf der hohen Stirn – saßen gerade wieder alle Nachbarn im Hof. Es war noch nicht ganz dunkel, aber die Lichterkette war schon an, und es lief etwas von Utjessow, ich glaube, es war sein berühmtestes Lied: *Mischka Odessit.* Papa setzte sich wortlos zu Mama und mir und umarmte erst mich und dann sie. Sie stieß ihn zurück, nahm ihn aber gleich wieder in den Arm und sagte: »Idiot!« und »Ich liebe dich!« Sofort machte jemand die Musik lauter und der schöne, schmierige, sowjetische Superstar Leonid Ossipowitsch Utjessow, der mit dem viel gefährlicheren Namen Leiser Waisbein geboren wurde, sang zum hunderttausendsten Mal:

»Du bist ein Junge aus Odessa, Mischka,
du fürchtest nichts,
kein Unglück und kein Leid.
Du bist ein Seemann, Mischka,
und darum wein' nicht,
denn ein Seemann verliert nie seinen Mut.«

Das Lied über den tapferen Mischka aus Odessa wurde 1942 geschrieben, gleich nachdem die Stadt von Hitlers Leuten erobert wurde. Keiner im Land hätte jemals geglaubt, dass das passieren könnte, darum tat diese Niederlage allen besonders weh, den Generälen genauso wie den Zivilisten, den Russen, den Juden, den Armeniern, den Griechen. Wenn sich schon Moskau und Leningrad gegen die Deutschen behaupteten – wie konnte es sein, dass plötzlich Nazis und Rumänen durch die uneinnehmbare herrliche Stadt am Schwarzen Meer marodierten?, jammerten und klagten alle. Mischka, der Junge aus Odessa, war der Einzige, der nicht weinen durfte. Er sollte Odessa zurückholen, er sollte auf den Leichen der Feinde tanzen und bald wieder durch seine alten Straßen und Alleen gehen – und erst dann vielleicht auch ein paar Tränen vergießen. Es dauerte fast drei Jahre, bis es so kam.

Warum fühle ich mich heute immer so seltsam, wenn ich dieses Lied höre? Warum erinnere ich mich auf einmal so genau an die Nacht, in der ich in ganz Odessa das Licht ausmachte, und an die schrecklichen Stunden danach? Und würden noch mehr von diesen Erinnerungen zu mir zurückkommen, wenn ich über das lange Sterben meiner Mutter weiterschreiben würde? Ja, das glaube ich. Aber will ich das?

26.

»Natürlich will ich in Jerusalem beerdigt werden, wo sonst«, sagte mein Vater ruhig, nachdem wir uns schon seit einer halben Stunde oder noch länger immer lauter gestritten hatten und ich es nur noch mit Mühe schaffte, meine langsam aufsteigenden Katschmorian-Gefühle zu unterdrücken. Das war in Othmarschen, vor ein paar Jahren, in dem kleinen Reihenhaus mit der glänzenden rotbraunen Klinkerfassade, dem verwitterten Gartenzwerg davor und einer Solaranlage auf dem Dach, wo er schon so lange ohne uns wohnte und so tat, als sei er nicht mehr der kleine Gena Grinbaum aus Odessa. Statt seine wehleidige Todesvision zu kommentieren, hätte ich am liebsten in diesem Moment die Familienbilder seiner neuen deutschen Frau, die im Wohnzimmer überall in goldenen und silbernen Rahmen standen, aus den Regalen gefegt und auf dem schönen, hellen Parkett zertreten. Aber ich stand einfach nur stumm auf, ich dachte, jetzt bloß nicht im Streit wegrennen, denn nur Deutsche streiten sich mit ihren Eltern so, dass sie hinterher jahrelang nicht mit ihnen reden können. Doch dann konnte ich trotzdem nicht anders und ging ohne Abschiedsgruß aus dem Wohnzimmer in den schmalen kurzen Flur, wo zwischen zwei hohen verchromten grünen USM-Regalen meine Jacke hing.

Papas Nazihure, die auf der anderen Seite des Flurs in einer schönen, sonnendurchfluteten, modernen Küche stand und etwas am Waschbecken machte, drehte den Wasserhahn zu, wandte sich kurz zu mir um und lächelte freundlich. Sie sah ein bisschen so aus wie früher viele meiner Lehrerinnen am Kaiser-Friedrich-Ufer-Gymnasium, nur etwas hübscher: aschblonde Haare, leicht männliche Gesichtszüge, große, ernste, fast swimmingpoolblaue Augen. Plötzlich musste ich an den grün gekachelten Brunnen mit dem rosa Pelikan in der Kaifu-Eingangshalle denken. Ich schaute den Vogel damals jeden Morgen an, wenn ich in die Schule kam, und flüsterte leise, er solle mir bitte helfen, diesen Tag zu überstehen, und ich hörte erst damit auf, als ich endlich ein paar Freunde unter den anderen, oft sehr schüchternen Hamburger Kindern gefunden hatte. Dann fiel mir ein, wie eines Tages aus dem Isebekkanal eine Leiche rausgeholt wurde und stundenlang auf dem Rasen vor unserer Schule lag. Es war eine ziemlich junge Frau, deren fast durchsichtige, grünliche Haut im Gesicht und an den Händen und nackten Füßen ich nie mehr vergessen hatte, und statt jetzt das Lächeln von Papas Nazihure zu erwidern, stellte ich mir vor, wie sie als Wasserleiche aussehen würde. Sie lächelte noch mal, nickte und drehte sich wieder zum Waschbecken und machte das Wasser an.

»Wenn ich selbst das Buch meines Lebens schreiben könnte, Mischa, würde ich bestimmt ein paar Kapitel weglassen oder ändern, das kannst du mir glauben«, sagte mein Vater jetzt wieder leise zu mir, »oder ich würde es sogar ganz von vorn anfangen.« Er stand plötzlich neben mir, so nah, wie noch kein einziges Mal an diesem Nachmittag. Und er roch so wie immer: herb, physisch, präsent, aber überhaupt nicht nach Schweiß.

»Vergiss es«, sagte ich, »wir müssen nicht darüber reden. Und lass mich mit deinem Buch-des-Lebens-Quatsch in Ruhe. Ja?«

»Vielleicht ist es ein blöder Vergleich, mein Junge, entschuldige. Was ich meinte: Es war nicht alles so, wie ich es wollte.«

»Was war nicht so, wie du es wolltest?«

»Dass deine Mutter« – er senkte noch mehr die Stimme, damit uns seine Frau nicht hören konnte, die in der Küche inzwischen angefangen hatte, Tomaten, Gurken oder was auch immer zu schneiden – »dass deine Mutter nie mit mir nach Israel fahren wollte, dafür konnte ich einfach nichts. Nur für ein paar Tage, habe ich zu ihr gesagt, als ich gleich das erste Mal aus Hamburg hingeflogen bin, Aljonuschka, bitte, nur für eine Woche! Sie wollte aber nicht, auch nicht später, sie ekelte sich vor Israel wie die meisten Russen vor Amerika, alles meine Schuld, natürlich. Und darum bin ich allein gefahren, und dann war ich zwei Tage im Kibbuz in Ein Gedi, wo sie« –

er betonte das Wort »sie« und deutete mit dem Blick in Richtung Küche – »damals Volontärin war. Wäre Mama mitgefahren, wäre das alles hier nie passiert.«

»Hast du das gerade wirklich gesagt, Papa?«

»Ja«, sagte er und nickte, »natürlich.«

»Aber du hättest doch zu deiner Na … du hättest Nein zu ihr sagen können, Mister-Buch-des-Lebens! Oder nicht?«

»Kann schon sein …«

Wir guckten uns lange und traurig an, und plötzlich sah ich in dem grünen Regal hinter ihm, zusammen mit vielen anderen großen deutschen und englischen Bildbänden, ein Buch, das ich ihm, dem großen Zionisten, einmal aus Israel mitgebracht hatte. Es waren die Fotos von Häusern aus den Anfangsjahren Tel Avivs, als Juden aus Deutschland dachten, sie könnten auch in Palästina Deutsche bleiben und sich darum von ihren Architekten in der Ben-Yehuda-Straße auf dem Rothschild-Boulevard eine Mendelsohn- und Gropius-Kopie neben die andere bauen ließen, aus echten Ziegeln, mit großzügigen Balkonen, kühlen Kellern und dicken Charlottenburger und Harvestehuder Mauern. Ich habe einmal – als ich kurz und heimlich und ohne Erfolg versucht habe, Alija zu machen und ein guter Israeli zu werden – in einem solchen Haus ein paar Wochen gewohnt, zusammen mit der stillen, großen Henrike, in der fast ländlich ruhigen Chowewei-Zion-Straße. Es war komischerweise unsere beste Zeit. Kurz danach sagte sie, dass sie mich zu sehr liebe und ging weg. Ein halbes Jahr später verließ sie Berlin und verschwand für immer aufs Land, nach Baden-Württemberg, um dort einen adligen Jugendfreund zu heiraten und mit ihm auf dem Gut seiner Familie zu leben.

Ich zog jetzt das Tel-Aviv-Buch aus dem Regal – mein Vater sah mir stumm dabei zu – und suchte das Foto des wuchtigen und zugleich so leicht wirkenden Hauses in der Chowewei Zion, das mit seinen geschwungenen Balkonen und den nach oben immer weiter zurückweichenden Stockwerken wie das Oberdeck eines Dampfers aussah. Ich war sicher, dass es hier drin war, und als ich es tatsächlich fand, fuhr ich ein paar Mal vorsichtig mit den Fingern über das schwarzweiße Bild. Dann schob ich das Buch wieder ins Regal zurück und sagte: »Kann es sein, Papa, dass Tel Aviv wie Odessa ist, also so ungefähr?«

»Darüber habe ich noch nie nachgedacht«, sagte er erleichtert – froh, dass der Streit zwischen uns gerade eine Pause machte.

»Ich kann mich an früher ja kaum erinnern, weißt du«, sagte ich, »aber ich weiß noch, dass es in Odessa nicht so war wie in Deutschland, wo ich immer das Gefühl habe, dass ich« – ich dachte kurz nach – »dass ich ständig in einem viel zu schweren, dicken, engen Mantel herumlaufen muss! Und ich kann in Tel Aviv mit jedem Zweiten Russisch sprechen, so wie in Odessa. Und das Licht, glaube ich, ist auch so wie früher bei uns zu Hause.«

Papa lächelte, mehr nicht.

»Ich wollte einmal auch in Israel leben, wusstest du das?«, sagte ich, jetzt mit einer hohen, braven Stimme, wie ein Schüler, der seinem Lehrer gefallen will.

»Das will ich seit vierzig Jahren!«

»Und wer hatte etwas dagegen?«

»Ich sag's dir, wenn du willst.«

»Ja – bitte.«

»Zuerst Breschnew. Dann das Leben. Dann deine Mutter. Und dann« – er schielte wieder an mir vorbei in Richtung Küche – »und dann ...«

Ich zog wortlos meine Jacke an, machte einen Schritt auf meinen Vater zu, weil ich ihn jetzt trotz allem umarmen wollte. Aber gleichzeitig trat Papas KZ-Aufseherin neben uns in den Flur, sie lächelte noch künstlicher und starrer als vorhin – und sagte nichts. »Gena«, sagte sie dann doch zu Papa, wobei sie das kurze »e« in seinem Namen so hässlich in die Länge zog, als wolle sie ihn daran aufhängen, »hast du schon deinen Sohn gefragt, ob er mit uns essen will?«

Mein Vater schüttelte stumm den Kopf.

»Dann lass es auch, bitte«, sagte sie. Und während sie wieder in die Küche zurückging, rief sie laut lachend: »Ich habe alles gehört, ihr beiden kleinen Verschwörer. Ich habe genau gehört, was ihr geredet habt!«

So wie mein Vater jetzt blass wurde, habe ich noch nie jemanden blass werden sehen. Ich dachte eigentlich immer, dass man das mit dem Blasswerden nur so sagte, aber offenbar passierte es manchmal wirklich.

»Wärst du nach Israel gegangen«, sagte ich leise, »dann wüsste Mama wenigstens, wofür sie ihre Gesundheit geopfert hat.«

»Es könnte doch auch von den Exkursionen kommen«, sagte er, weil er das immer sagte, wenn wir über ihre Krankheit redeten und er nicht an seinen vom KGB vergifteten roten Schiguli erinnert werden wollte, »hat das nicht auch Dr. Felosof immer gesagt?«

»Ach, Papa …«

»Das hat er doch immer gesagt!«

»Ja, aber er hat damit aufgehört. Er sagt, es ist Unsinn.«

»Geht es ihr wieder schlechter?«

Ich nickte.

»Ich rufe sie bald an, sagst du ihr das?«

Ich nickte wieder, drehte mich um und öffnete die Haustür. Ein kalter, nasser Wind zog an uns vorbei ins Haus wie ein Eindringling, den keiner kannte. Irgendwo hinten fiel laut eine Tür zu, dann noch eine. Ich umarmte meinen Vater und flüsterte noch leiser in sein Ohr: »Wusstest du, dass Mama und ich ›Nazihure‹ zu ihr sagen?«

Er nickte, strich mir zwei-, drei Mal wie ein Deutscher schnell mit der flachen Hand über die Schulter und schob mich von sich weg.

»Nächstes Jahr in Jerusalem, Papa«, sagte ich, »tot oder lebendig!« Dann ging ich die zwei, drei Treppen zu seinem kleinen, spießigen Vorgarten runter und drehte mich kein einziges Mal um, auch nicht, als er mir – plötzlich in seinem guten, aber harten Deutsch – wütend und laut etwas hinterherschrie.

27.

Die Rede, die meine Mutter zum zehnjährigen Jubiläum der Nelly-Sachs-Loge gehalten hatte, lag in ihrem Sekretär unter dem Stapel mit ihren letzten, nie erschienenen Erzählungen, aus denen ihr zweites Buch werden sollte. Ich fand die vier, fünf Manuskriptseiten erst ganz zum Schluss, nachdem ich die Geschichten gelesen hatte, und weil ich es plötzlich nicht mehr in ihrem Zimmer aushielt und mich auch schon von Großvaters Familienbildern und sogar von den Gästen der Kammerspiele verabschiedet hatte, die jetzt wieder in der Vorstellung saßen, nahm ich die zusammengehefteten Blätter einfach ins Wohnzimmer mit, um sie später zu lesen.

Vorher ging ich aber noch kurz in die Küche, weil ich mir einen Tee machen wollte. Erst als ich dort das Licht anmachte, erinnerte ich mich, dass sie schon leergeräumt war. Die Möbel, die Schränke mit dem Geschirr und den Töpfen, die rotschwarz lackierten russischen Teller, Schüsseln und Suppenkellen aus Holz waren von den Wänden verschwunden, wo Mama sie vor Jahrzehnten aufgehängt hatte, und die nackten, vergilbten Wände mit den weißen Flecken erinnerten mich plötzlich an einen Papyrus, von dem jemand die alte Schrift abgewaschen hatte, um ihn schon bald mit neuen Sätzen und Worten zu füllen. Ich machte schnell wieder das Licht aus und ging an den vielen Kartons mit Mamas Kleidern, Bettwäsche und Schuhen im langen dunklen Flur vorbei zum Wohnzimmer. Hier war, so wie in ihrem alten Arbeitszimmer, zum Glück noch fast alles wie vorher, nur der riesige Fernseher, vor dem meine Mutter fast jede wache Stunde ihrer letzten Jahre verbracht hatte, stand nicht mehr an seinem Platz. Und auch der gigantische Gummibaum, der zum Schluss fast bis zur Decke ging und dessen schwere Blätter das dunkle Bel-Etage-Zimmer noch dunkler gemacht hatten, war weg.

Den Fernseher hatte ich Mohammeds ältestem Sohn Hossni geschenkt. Er war in Amman aufgewachsen und lebte jetzt allein in der Wohnung seines Vaters, der letztes Jahr nach Jordanien zurückgegangen war, weil er an einer Klinik für reiche Amerikaner und Saudis kurz vor seiner deutschen Rente einen Job als Chefarzt bekommen hatte. Das hatte er mir selbst erzählt, als ich das vorletzte Mal in Hamburg gewesen war und wir uns zufällig im Treppenhaus getroffen hatten, genau vor unserer Wohnungstür mit ihren schönen, von innen strahlenden Milchglasscheiben. Ich wusste noch, wie sehr er es genoss, mir im schönsten Bürokraten-Deutsch zu erklären, dass es ein »unbefristeter Vertrag« war.

Der Sohn hatte das feine, freundliche, kluge Gesicht des Vaters und studierte, genauso wie Mohammed dreißig Jahre vor ihm, in Hamburg Medizin. Bevor er

Mamas Fernseher mitnahm, half er mir, den Ficus nach unten zu Frau von Lernet-Fabinger zu tragen. Dabei erzählte er mir, dass seine Großmutter in Amman sehr viele Pflanzen in ihrer Wohnung hatte und dass er sie sehr liebte und hoffte, sie werde hundert Jahre alt werden. Dann machte uns auch schon Frau von Lernet-Fabinger auf und zeigte uns wortlos, wo wir den Ficus hinstellen sollten: genau an die gleiche Stelle in ihrem Wohnzimmer wie bei meiner Mutter. Bevor wir wieder gingen, gab sie mir, ohne Hossni zu beachten, ihre kleine warme Hand, drückte sie fest und sagte: »Am Anfang mochte ich euch nicht. Aber das ging schnell weg.« Ich nickte. »Ihr seid nette Juden«, fuhr sie streng fort, »nicht so wie diese Wichtigtuerin aus dem zweiten Stock.« Da fiel mir erst ein, dass ich Martha noch gar nicht gesehen hatte. Sie war wie mein Vater nicht bei der Beerdigung gewesen, und sie hatte kein einziges Mal bei uns geklingelt, seit ich da war, um die leblosen Reste von Mamas Leben wegzuräumen.

Ich blieb in der Wohnzimmertür stehen und dachte, dass ich endlich ins Hotel zurückfahren und Mamas Vortrag aus dem Café Abigail dort lesen sollte. Aber dann ging ich doch weiter, zu dem großen roten Rolf-Benz-Sofa, auf dem ich schon hunderttausendmal gesessen, gelegen, mit meiner Mutter geredet oder mit ihr Fernsehen geschaut hatte. Ich ließ mich wie ein junger Mann einfach fallen, legte die Beine auf den großen, niedrigen Sofatisch aus dunklem Mahagoniholz und machte, ohne hinzuschauen, mit einer schnellen, automatischen Handbewegung die große Stehlampe an. Dann fing ich an zu lesen.

Mama hatte die Jubiläumsrede auf Deutsch geschrieben, auf dem Mac, den sie sich nach ihrem ersten und einzigen Buch gekauft hatte – vor allem, wie sie sagte, damit sie in Zukunft ihren deutschen Fans in ihrer Sprache antworten konnte –, und ich fragte mich auf einmal, ob ich den Computer vielleicht doch behalten und nicht auch noch Mohammeds Sohn schenken sollte. Denn der Mac hatte eine zweisprachige Tastatur, und man konnte damit nicht nur auf Deutsch, sondern auch auf Russisch schreiben. Dann dachte ich aber, was soll ich damit, ich kann das doch gar nicht, und las schnell weiter – und dabei musste ich immer wieder lächeln und einmal sogar laut lachen.

Mama hatte in ihrem lieben, falschen Deutsch eine sehr schöne und lustige, aber auch teilweise fiese Hymne auf die Nelly-Sachs-Loge geschrieben. Dass sie so etwas konnte, war für mich eine Überraschung. Sie beschrieb zuerst mit einer hinterhältigen Naivität, die ich von ihr sonst nur kannte, wenn sie in einem Geschäft oder auf dem Ausländeramt trotz ihres Akzents gut behandelt werden wollte, ganz lange und eindringlich die deutschen Abigail-Gäste, die tatsächlich glaubten, das Café hätte es auch schon vor dem Krieg gegeben. Sie waren in Mamas Augen aber keine Idioten, sondern einfache, relativ anständige Leute, die keine Lust hatten, im wilden Strom ihrer Gegenwart zu trudeln, ohne genau zu wissen, was sie dagegen tun sollten. Danach erzählte sie ähnlich ausschweifend davon, wie wir damals in das majestätische, leicht heruntergekommene weiße Haus in der Bieberstraße 7 eingezogen waren, ohne etwas über die jüdische Geschichte des Grindelviertels zu wissen, und wie sehr sie das selbst zu einer besseren Jüdin gemacht hatte. Und sie lobte mit vielen schönen, aber oft auch falschen deutschen Adjektiven – »fantastisch«, »genial«, »übernatürlich« – das Essen, das es im Abigail gab, vor allem die Matzeknödelsuppe, die sie irgendwann selbst nachzukochen begann.

Erst zum Schluss und auch nur sehr kurz kam meine Mutter zum eigentlichen Thema ihres Vortrags – zur Nelly-Sachs-Loge. Hier wurde ihre Sprache plötzlich sehr hart und fast fehlerlos. Nein, das alles klang gar nicht mehr so rührend weiblich und ungelenk wie davor, das war eine kurze blutige, fast männliche Abrechnung, die ich von ihr nicht erwartet hatte. Jetzt ging es ihr darum, dass nichts, was vergangen war, wiederkommen konnte. Und dass Leute, die das trotzdem wollten, nur an sich selbst dachten, an ihren Ruhm, ihre eigenen Verletzungen und Sehnsüchte, weshalb sie lieber zum Psychiater gehen sollten, statt die guten Dibbuks von Werfel, Buber und Arendt aus ihren Gräbern herauszuzerren. Und dann das Ende: »Ich habe, liebe Freunde des Café Abigail und der Nelly-Sachs-Loge, in meinem Leben gelernt, dass man sich niemals umdrehen soll. Dass die Geschichte von Frau Lot, die das trotzdem gemacht hat und dafür bestraft wurde, keine hübsche Grusel-Anekdote ist, sondern die weiseste Stelle in der ganzen Bibel. Auf weitere zehn Jahre, meine lieben Freunde, *masel tov!*«

So brutal und klug endete Mamas Abigail-Rede, und dass sie darin Martha mit keinem Wort erwähnt hatte, fiel mir erst auf, als es zu spät war – als ich eine Dreiviertelstunde später, noch immer beschwingt und fast glücklich vom Lesen, mit ein paar alten Belegexemplaren von *Der Kompass* ins Café Abigail reinkam und Martha sich mir in den Weg stellte.

Ich hatte die Bücher ein paar Tage vorher in meinem alten Zimmer gefunden. Nachdem ich jetzt Mamas Rede gelesen hatte, dachte ich plötzlich, wie schön es wäre, wenn man sie im Abigail zu den Büchern von Robert Schindel und Barbara Honigmann dazustellen würde, damit ab und zu einer der Gäste eine Erstausgabe von *Der Kompass* aus dem Regal ziehen und ein paar Seiten darin lesen konnte. Die Bücher hatten in einem kleinen Stapel ganz unten in meinem früheren Kleiderschrank gelegen, wo sonst nur meine beiden alten, kaum benutzten Tennisschläger standen und wo der kleine Kinderanzug hing, den meine Eltern für mich vor unserer Abreise aus Odessa in der Deribasowskaja machen ließen, ich hatte ihn in Hamburg kein einziges Mal angehabt. Außerdem waren dort noch ein paar Exemplare des russischen Originals von *Der Kompass*, die auf Kosten meiner Mutter in Riga bei einem winzigen Exilverlag erschienen waren. Was ich mit ihnen tun sollte, wusste ich nicht, aber dass

Der Kompass auf Deutsch ins Abigail gehörte, war für mich auf einmal absolut klar.

Nur leider hatte ich nicht mit Martha gerechnet. Als ich jetzt zu ihr sagte, ich würde die Bücher gern dem Abigail schenken, schaute sie mich kaum an und sagte: »Dafür haben wir hier keinen Platz.«

Sie sah so schön und kalt aus wie immer. Sie hatte eine von ihren blütenweißen, perfekt gebügelten Blusen an, die wie früher einen Knopf zu weit geöffnet war, nur ihre Brüste schienen etwas größer geworden zu sein, was mir gefiel.

»Wie geht's, Martha?«, sagte ich.

»Gut, danke.«

»Und wie geht's deinem Mann?«

»Danke.«

»Hat er noch die Praxis? Er wollte doch aufhören.«

»Das musst du ihn selbst fragen«, sagte sie.

Wir standen mitten im Gastraum, um uns herum liefen die jungen, wie immer bestimmt völlig unerfahrenen, hilflosen Kellner, und ich dachte daran, wie ich hier bei meinen letzten seltenen Hamburg-Besuchen mittags oft ein Steak mit Sauce béarnaise und Pommes frites gegessen hatte. Die polnischen oder ukrainischen Frauen, die bei Mama waren, kochten ständig Gerichte, die entweder nach nichts schmeckten oder mir so fremd waren, dass ich von ihnen einen Brechreiz bekam, der stundenlang blieb.

»Aber die Bücherregale sind doch gerade halb leer«, sagte ich zu Martha, nicht grob, nicht aggressiv, eher traurig und ein bisschen zu leise. Dabei wusste ich, dass das schon nach Kapitulation klang.

»Wir haben ein paar Gesamtausgaben geschenkt bekommen, die noch nicht da sind«, sagte sie, »tut mir leid. Kafka, Werfel, Thomas Mann und so.«

»Mann?«

»Ja, ich weiß.«

»Nichts zu machen?«, sagte ich.

»Nein, nichts zu machen«, sagte sie. Dann fügte sie schnell und giftig hinzu: »Du weißt doch, wie es ist, Mischa. Manchmal bittet man jemanden um etwas, und wenn er dir sagt, dass er dir nicht helfen kann, solltest du es gleich akzeptieren und dir keine falsche Hoffnungen machen. Auf Wiedersehen!«

Jetzt verstand ich: Der Roman über ihre Mutter! Der zweite Roman über den Wunderheiler, dessen Manuskript immer noch irgendwo bei mir herumlag! Ich hatte mich für all das nie interessiert und sie jahrelang deshalb an der Nase herumgeführt, und bestimmt dachte sie, dass beide Bücher wegen mir nie erschienen waren. Und dann war da natürlich auch noch der Film, den sie über Mama machen wollte und der wegen mir nichts wurde! Ob sie seit Jahren heimlich in mich verliebt war und wusste, dass daraus nie etwas werden würde, fragte ich mich ebenfalls kurz, aber dieser Gedanke war sogar mir zu verrückt und ich verwarf ihn sofort.

Wen hasste Martha eigentlich mehr, mich oder Mama?, dachte ich, während ich mich langsam umdrehte, ohne Gruß aus dem Abigail rausging und noch langsamer nach Hause lief, wieder zurück in die Wohnung meiner Mutter. Und wie konnte überhaupt jemand Mama hassen, der sie nicht wenigstens so gut kannte wie ich? Ich brachte die Bücher nach oben, machte das Licht aus, das ich vorhin überall angelassen hatte, und bestellte mir, immer noch im Mantel, ein Taxi. Ende, das war's, den Rest sollten die übertrieben freundlichen Leute von der Auflösungsfirma machen!

Auf dem Weg ins Hotel guckte ich die meiste Zeit aus dem Fenster, in dem sich, weil es inzwischen Abend war, mein Gesicht spiegelte. Während draußen die Kammerspiele, der Philosophenturm und das große schwarze Gebäude des Dammtorbahnhofs vorbeizogen, fragte ich mich, warum ich mal wie Mama aussah, mal wie Papa und nur ganz selten wie ich. Als ich zwanzig Minuten später im Vier Jahreszeiten ankam, merkte ich schon unten in der Lobby, dass das alte Jucken wieder da war. Bloß nicht anfassen, dachte ich panisch, bloß keine einzige Stelle berühren! Kurz darauf stand ich aber nackt im großen, warmen Badezimmer des Vier Jahreszeiten vor dem Spiegel und sah mir selbst wie einem anderen dabei zu, wie ich mich überall hektisch und angewidert kratzte – am Hals, auf der Brust, an den Oberschenkeln – und wie meine Haut zuerst rot wurde, dann wund, und dann hatte ich sogar ein bisschen Blut an den Fingernägeln.

28.

In meiner ersten richtigen Geschichte, die später auch in meinem ersten Buch erschien, ging es natürlich um meine Mutter. Warum natürlich? Bevor ich sie geschrieben hatte, war ich fast ein halbes Jahr krank gewesen. Doch obwohl Mama kaum noch für ihren DKP-Professor arbeitete und sich lieber Tag für Tag auf dem Wohnzimmersofa selbst hypnotisierte, um wenigstens für ein paar Stunden nicht in Hamburg, nicht in der Fremde, nicht ohne ihren geliebten Vater zu sein – obwohl sie also sehr viel Zeit hatte, kam sie kein einziges Mal zu mir nach München, um meinen Handrücken zu streicheln und mir eines meiner Lieblingsgerichte zu kochen. Mein Vater kam auch nicht, aber von ihm erwartete ich es nicht, dafür war er immer zu sehr Russe, Jude, Mann. Wenn er mir am Telefon sagte, ich müsse Mama verstehen, die ganze Sache mit meinem Schwindel würde sie sowieso viel zu sehr aufregen, sagte ich Ja, dachte aber Nein, denn ich hatte keine Ahnung, wie er das meinte.

Es hatte damit angefangen, dass mir eines Tages plötzlich schwindlig war – und dass es nicht mehr aufhörte. Eigentlich war zuerst X. schwindlig, meinem damals besten Freund, einem Deutschen, dessen Name unwichtig ist, weil wir uns später wegen eines antisemitischen Satzes von ihm zerstritten haben. X. war schön, klug, er kam vom Bodensee und versuchte seit Jahren seine Magisterarbeit in deutscher Literatur zu Ende zu schreiben. Obwohl er nie viel redete – außer sarkastisch und böse über Leute, die nicht so klug waren wie er, aber erfolgreicher –, merkte ich bald, wie sehr ihn die ganze Sache mit der Magisterarbeit verwirrte. Es ging darin um Walter Benjamins Frankreich-Zeit, aber vielleicht waren es auch Jüngers Pariser Tagebücher. Und vielleicht konnte er sich bloß nicht entscheiden, welches Thema er beim Prüfungsamt anmelden sollte, das weiß ich nicht mehr genau. Dann betrank er sich einmal bis morgens um sechs im Parkcafé und wachte am nächsten Tag mit einem unerklärlichen, hartnäckigen Schwindel auf. Ein paar Wochen später passierte mit mir genau dasselbe, natürlich ohne Alkohol, und wie bei ihm, fanden die Ärzte auch bei mir absolut nichts.

Ich bin wegen des Schwindels wirklich überall gewesen. Ich war bei dem Internisten unten bei mir im Haus in der Hohenzollernstraße, der eingetrocknete Tee- oder Blutflecken auf dem Kittel hatte und beim Sprechen immer nur aus dem Fenster schaute. Ich war bei einem georgischen HNO-Arzt in Ottobrunn, der ein Freund eines Freundes meiner Eltern aus Odessa war und mir während der Untersuchung erzählte, dass er erst Ende der fünfziger Jahre aus dem Gulag entlassen wurde und nach seiner Rückkehr wegen der Wohnungsknappheit wieder mit seiner Frau zusammenleben musste, die inzwischen von zwei anderen Männern zwei Kinder bekommen hatte und so bitter und grau war, als wäre sie selbst in Magnitogorsk gewesen. Und ich war bei einem verrückten Neurologen am Kaiserplatz, der wie ein traumatisierter Überlebender alliierter Luftangriffe pausenlos mit dem linken Arm und der linken Hand zuckte und mich als Simulanten beschimpfte.

Zum Schluss telefonierte ich noch, so wie meine Mutter es mir von Anfang an geraten hatte, mit Dr. Felosof in Hamburg, der mir lange und ruhig zuhörte und schließlich sagte, ich solle alles vergessen. Ich hätte schon als Kind ein bisschen zu viel auf die Welt um mich herum und auf mich selbst geachtet, sagte er, der Schwindel sei so echt und so eingebildet wie jedes andere meiner übertriebenen Gefühle, ich solle mich ablenken und mehr arbeiten oder mir eine Freundin suchen. Oder sogar beides. »Und jetzt lass mich wieder arbeiten, junger Mann! Du bist nicht der Einzige auf diesem Globus, dem es schlecht geht.«

Das mit der Freundin ging leider nicht, weil ich schon länger in eine kleine, ängstliche Schauspielerin ohne Arbeit verliebt war, mit der ich nicht zusammen sein wollte, weil sie immer nur im Bett lag oder im Jogginganzug rausging, um Frauenzeitschriften und Zigaretten zu kaufen. Kurz nach dem Gespräch mit Dr. Felosof wurde ich aber gefragt, ob ich bei Revolverprosa mitmachen wollte, einem Festival, bei dem man Geschichten vorlas, die vorher noch nie erschienen waren und mit denen man alte Schriftsteller erschrecken sollte. Das Festival gab es leider nur drei oder vier Jahre, weil der intelligente bayerische Junge mit den schwarzen Locken und dem Gesicht eines jungfräulichen Gymnasiasten, der sich das Ganze ausgedacht hatte, eines Tages tot unter der Donnersberger Brücke lag, keiner wusste, warum.

Jedenfalls fing ich sofort an, etwas zu schreiben, und obwohl ich die ganze Zeit nur an meinen Schwindel dachte, obwohl die Buchstaben, Worte und Sätze ständig in einem durchsichtigen Dunst verschwanden und noch schärfer daraus wieder auftauchten, hatte ich jeden Abend ein paar Absätze. Es war ein Rätsel für mich: Je länger ich arbeitete, desto weniger Angst hatte ich vor der Krankheit. Irgendwann vergaß ich sie so sehr, dass ich auch vergaß, meiner Mutter bei einem unserer tausend Telefonate davon zu erzählen oder ihr böse zu sein, weil sie während der ersten großen Krise meines freien Lebens nicht bei mir war. Dann traf sie auch noch eines Tages zufällig den israelischen Besitzer der Kasatschok-Stuben am Hallerplatz auf der Straße und fragte ihn, ob er jemanden in der Küche brauchte, worauf er ihr gleich anbot, das ganze Restaurant zu übernehmen, weil es gerade sehr schlecht lief. Danach redeten wir wochenlang nur noch über sie, und mein Schwindel war ohnehin kein Thema mehr.

»Und was machst du, wenn du Migräne hast?«, sagte ich, als sie mal wieder von mir wissen wollte, ob sie es machen sollte. Weil ich noch nicht so alt war, traute ich mich nicht, die ganze Idee einfach nur idiotisch zu finden, ich verstand sie bloß nicht und versuchte jedes Mal, sie ihr auszureden.

»Dann nehme ich eine Tablette«, sagte sie, »wie sonst.«

»Du nimmst immer zwei Tabletten, Mama«, sagte ich, »hast du das vergessen? Eine gegen die Kopfschmerzen und dann noch irgendsoein Gift zur Beruhigung von Dr. Felosof. Und danach schläfst du den halben Tag und bist später so benommen wie zehn russische Matrosen nach einer Kneipentour in Murmansk.«

Sie lachte laut ins Telefon, aber nicht ganz so laut wie sonst. »Ich hab schon Schlimmeres erlebt.«

»Und was ist mit dem Uni-Job?«

»Geht nur noch ein halbes Jahr«, sagte sie, »der Vertrag mit der VW-Stiftung ist im Herbst zu Ende, dann haben sie sowieso kein Geld mehr für mich.«

Super, dachte ich, danach hätte sie ja endlich Zeit, zu schreiben – aber das sagte ich ihr nicht, weil ich es ihr gerade nicht gönnte.

»Warum bewirbst du dich nicht einfach woanders?«

»Lass mich in Ruhe, dafür bin ich zu alt.«

»Du bist dreiundsechzig, das ist nichts.«

»Für deinen Vater …«

»Was?«

»Nichts.«

»Was ist mit Papa?«

»Ich hab nichts gesagt.«

»Mama, du bist doch eine Intellektuelle … Du hast studiert, du hast jahrelang diese Exkursionen gemacht, von denen du mir immer erzählst, du hast ganz Russland vermessen! Und jetzt willst du in der stinkenden Küche eines traurigen russischen Restaurants am Hallerplatz arbeiten?«

»Ich wäre die Chefin.«

»Ja, das ist natürlich etwas ganz anderes«, sagte ich, und weil ich mal wieder in der Hohenzollernstraße beim Telefonieren am Fenster stand und auf die Wiese hinter dem Nordbad schaute, die nach dem langen Winter seit ein paar Wochen immer grüner wurde, dachte ich, wie schön, vielleicht wird dieses Jahr besser als das letzte für mich.

Natürlich hat meine Mutter nie in ihrem Leben die Küche oder das Büro der Kasatschok-Stuben betreten. Trotzdem hatte sie bestimmt ein paar interessante, aufwühlende Wochen mit der Vorstellung verbracht, plötzlich ein ganz neues, anderes Leben führen zu können – statt immer nur Patiencen zu legen, aus dem Fenster zu schauen und am Wochenende vor dem Toom-Markt im Auto zu sitzen und ein paar Absätze in ihren Block zu schreiben. Irgendwann war die Sache mit dem Restaurant für sie aber kein Thema mehr, und wir vergaßen die größte Chance ihres Lebens »seit der verlorenen Wahl zur Komsomol-Führerin an der Geografischen Fakultät der Lomonossow-Universität im sonnigen Jahr

1956«, wie sie einmal nur halb im Spaß gesagt hatte. Und noch ein paar Wochen später, an einem eiskalten Juniabend, las ich meine neue Geschichte vor fünfzig oder sechzig Leuten in einer großen dunklen Halle mit unverputzten Wänden und ohne Heizung irgendwo am Ostbahnhof in München – und meine Mutter war auch da.

Ich hatte es zuerst nicht gemerkt, denn sie hatte mir nicht verraten, dass sie nach München kommen würde. Sie hatte heimlich X. angerufen, der ihr sagte, wo und wann sie sein müsste, und er holte sie sogar heimlich mit seinem alten beigefarbenen Volvo vom Flughafen ab. Nachdem ich schon ein paar Minuten gelesen hatte, blickte ich das erste Mal in die dunklen Reihen vor mir. Als ich dort meine Mutter sah – kaum geschminkt wie immer, aber mit einer neuen Frisur, die sie jünger machte –, dachte ich völlig ruhig, das passt ja gut. Denn in der Geschichte ging es natürlich um sie. Es ging, kaum verfremdet, um eine russische Jüdin, die allein in einer großen Wohnung in Hamburg-Rothenbaum auf dem Sofa liegt, Gedichte von Achmatowa, Mandelstam und Pasternak liest, jahrelang am Fenster steht und dabei zusieht, wie erst ein paar schöne alte Stadtvillen abgerissen werden und dann an derselben Stelle ein neues graues Gebäude ohne Fenster aus dem Boden wächst. Als es fertig ist, geht sie ins Schlafzimmer, packt ein paar Sachen in den Koffer – Kleider, ein altes Fotoalbum, ein paar Geschichten, die sie mit der Hand auf altes russisches Briefpapier geschrieben hatte –, und dann fährt sie zum Bahnhof und verschwindet für immer, ohne sich von ihrem Mann und ihrem Sohn zu verabschieden.

Die Erzählung endete mit einem Achmatowa-Gedicht:

»Es jagten die Birken
Mir nach voller Hast,
Es flimmerten Fröste
Wie splitterndes Glas.
Dort bei den Ruinen
Der Speicher brandschwarz,
›Hier mein Passierschein,
Ich will jetzt zurück …‹«

Nachdem ich fertig gelesen hatte, klatschten die Leute kurz und kraftlos, sie standen schnell auf und gingen nach hinten zur Bar, wo sie bis zum Auftritt des nächsten jungen Autors Bier und Apfelschorle aus großen Plastikbechern trinken und wahrscheinlich über alles mögliche reden würden, nur nicht über die Geschichte, die sie gerade gehört hatten, denn mit ihr konnte man bestimmt keine alten Schriftsteller provozieren oder eine Prosarevolution beginnen.

Und wie reagierte meine Mutter? Ich ging sofort zu ihr – mit geöffneten Armen und lächelnd –, aber tief drin war ich plötzlich böse und angewidert, ohne selbst genau zu verstehen, warum. Sie küsste mich vor X. wie einen kleinen Jungen auf die Stirn, auf die Wangen und noch mal auf die Stirn, und später in seinem alten Volvo sagte sie, damit er uns verstand, zu mir auf Deutsch: »Das war wirklich eine sehr schöne Rache, mein Sohn! Literatur darf das natürlich. Ich bin sehr stolz auch dich.«

»Wieso Rache?«, sagte ich, aber im nächsten Moment begriff ich, was sie meinte, und ich hoffte, sie würde nicht antworten, weil mir das Thema vor X. unangenehm war. Sie schwieg zum Glück wirklich, und während wir durch das nächtliche München zu mir nach Hause fuhren – vorbei am Isartor, am Haus der Kunst, an der TU, Richtung Nordbad –, sagte minutenlang niemand etwas.

Dann sagte X., der sonst nie viel sagte, plötzlich in seinem schönen, leichten Bodensee-Dialekt: »Ich finde, es hat sich gelohnt, Mischa. Die Geschichte ist doch super. Und wenigstens ist dir jetzt nicht mehr schwindlig.«

»Nein«, sagte ich, »das stimmt. Ich meine, ja, mir ist nicht mehr schwindlig. Könnten wir jetzt über etwas anderes reden?«

»Wie?«, sagte meine Mutter, »das ist ja großartig! Warum hast du mir nichts gesagt?«

»Ja – es ist vorbei, Mama. Glaube ich. Hoffe ich.«

»Und wie geht es dir?«, sagte sie und wandte sich auf dem Beifahrersitz X. zu, der wie immer eine selbstgedrehte Zigarette im Mund hatte, die nicht mehr brannte.

»Manchmal besser, manchmal schlechter, Frau Grinbaum«, sagte er.

»Ich hoffe«, sagte sie traurig, »du hast jemanden, der viel an dich denkt.«

29.

Vor ein oder zwei Monaten haben mich die Springer-Leute gefragt, ob ich nicht in Odessa bei der Einweihung des neuen Denkmals am Tolbuchinplatz eine Rede halten will. Sie haben mir zuerst einen Brief geschrieben, und weil ich nicht geantwortet habe, auch noch ein paar E-Mails. Jedesmal unterschrieb jemand anderes – und jedesmal wurde in der Einladung Lassiks Name erwähnt. Ich hätte ihn doch sehr gut gekannt, hieß es, ich sei mit ihm praktisch aufgewachsen. Einer schrieb mir, ich hätte doch in einem Buch die Geschichte eines sehr ähnlichen Mannes erzählt, der seinen Kampf für die ermordeten Juden von Odessa mit fünf Jahren Straflager und sogar noch vor Alexander Solschenyzin mit der Ausbürgerung aus der Sowjetunion bezahlen musste. Darauf reagierte ich erst recht nicht.

Dann rief mich Ulrich an, der inzwischen Chef der Welt war und den ich noch aus München aus dem Schumann's kannte. Er fragte mich, ob wir essen gehen und darüber reden könnten.

»Nein«, sagte ich, »ich habe keine Zeit.«

»Wir haben alle keine Zeit«, sagte er.

»Ich gehe nicht gern essen.«

»Früher schon. Komisch.« Er klang ehrlich überrascht.

»Ich mag Menschen eben immer weniger«, sagte ich gut gelaunt.

»Ich dachte, du mochtest sie noch nie.«

»So kann man sich täuschen.«

Ulrich war eigentlich ziemlich in Ordnung, vor allem, wenn es um Juden und Israel ging. Aber so in Ordnung war er auch wieder nicht, weil er alle paar Jahre seine Weltanschauung wechselte und dann so tat, als gäbe es nichts anderes. Wie fast jeder deutsche Journalist und Schriftsteller, den ich kannte, kam Ulrich aus der Provinz, aus Niederbayern oder Oberbayern, das weiß ich nicht genau. Dort fing er als »hingebungsvoller Messdiener« an – seine Worte! –, dann ging es für ein paar Jahre zu den Falken von der SPD. Und nach einer längeren kommunistischen Phase, die er mir einmal in der Paris Bar damit erklärte, dass niemand so gut angezogen war wie Stalin und Mao, wurde er zum fanatischen Hayek-Anhänger. Außerdem las er sehr viel Spinoza und konnte den großen Maggid, Rambam und Gershom Scholem zitieren. Und trotzdem war Ulrich alles andere als ein neurasthenischer Privatgelehrter: Er hatte eine sehr tiefe und warme Stimme, er lachte viel und schnell und mochte keinen Widerspruch. Wenn ich versuchen wollte, sein Gesicht zu beschreiben, würde ich es gleich wieder sein lassen, um nicht auf irgendwelche verrutschten Weltkriegs- und Heydrich-Vergleiche zu kommen.

»Warum ist es dir so wichtig, dass ich es mache, Ulrich?«, sagte ich ins Telefon nach einer größeren

Pause, die zwar wegen Ulrich entstanden war, aber es war wohl meine Schuld, dass sie immer länger wurde. »Fragt doch einen von euren Politikern. Oder Poroschenko. Oder jemanden von der NGO, die das kleine Holocaust-Museum gleich daneben aufgemacht hat.«

»Du bist gut informiert!« Sein tiefes, hartes Lachen war so laut, dass ich den Hörer kurz weghalten musste.

»Was habt ihr eigentlich den NGO-Leuten gegeben, damit die sich nicht in Odessa auch noch selbst ein Denkmal hinstellen?«

»Du magst wirklich niemanden, oder?«

Ich machte nur »Hmm« und überlegte, wie ich das Gespräch beenden könnte.

»Soll ich dir Fotos schicken? Es sieht toll aus. Wir haben es von einem israelischen Bildhauer machen lassen, der seit ein paar Jahren in Kiew lebt. Es ist aus Granit, sehr groß, schwarz, so eine Art jüdische Kaaba. Und er hat alle fünfundzwanzigtausend Namen der Opfer eingraviert, so wie Lassik Stein es immer wollte. Mikroskopisch klein! Ich könnte weinen, wenn ich daran denke.«

»Ich nicht.«

»Wir zahlen dir eine Woche Odessa. Zwei Wochen! Willst du lieber ins Londonskaja oder ins Bristol? Im Londonskaja wohnte früher immer Babel, wenn er nach Odessa zurückkam. Stimmt's?«

»Okay, genug«, sagte ich, »lass mich in Ruhe. Und wenn wir uns das nächste Mal irgendwo sehen, ignorier mich einfach. Ich werde dir sowieso nicht die Hand geben.«

Am nächsten Tag setzte ich mich trotzdem hin und versuchte die Rede zu schreiben, die Ulrich von mir wollte. So lange ich die brennenden Baracken vom Tolbuchinplatz beschrieb und von meinem armenischen Großvater erzählte, der damals zufällig auch dort war, hatte ich keine Probleme. Aber als es um Lassik gehen sollte, hörte ich gleich wieder auf. Ich löschte alles, was ich geschrieben hatte, machte den Laptop aus und ging zu Good Friends, obwohl es noch sehr früh war und ich keinen Appetit hatte. Beim Essen – ich saß in dem kleinen zugigen Séparée direkt neben der Küche – starrte ich wie betäubt aus dem Fenster auf die kahle, laute Kantstraße und dachte daran, wie meine Mutter mir ganz zum Schluss den Rest der Lassikgeschichte erzählt hatte. Ich hatte sie danach gar nicht gefragt, und weil sie da schon die ganz starken Schmerzmittel nahm, von denen sie manchmal leichte Halluzinationen kriegte, lag es vermutlich daran, glaubte ich. Aber stimmte es auch, was sie mir erzählte?

Es war bei einem meiner letzten Besuche in Hamburg gewesen. Mama hatte in ihrem Schlafzimmer im Bett gelegen, links von ihr, wo früher der Platz meines Vaters war, lag wie zuletzt immer der menschengroße weiße Hase. Und während er sie mit seinen großen braunen Glasaugen wie ein Vollidiot anschaute, sagte sie plötzlich, wie leid ihr die ganze Sache mit Lassik täte.

»Wie meinst du das?«, sagte ich leise. Und dann viel lauter: »Okay, also doch!«

Ich saß schon eine Weile neben ihr auf dem Bett und überlegte, ob ich einen ihrer beiden dünnen alten Arme streicheln sollte, der unter der Decke hervorschaute – so wie sie früher meinen Arm gestreichelt hatte. Gleichzeitig war ich von ihren perfekten, dunkelrot lackierten Fingernägeln beeindruckt. Woher hatte sie dafür noch die Kraft genommen, dachte ich, war sie in einem Nagelsalon gewesen oder musste jemand zu ihr kommen? Wieder sagte ich laut: »Also habt ihr wirklich eine Affäre gehabt, ja?«

»Was«, murmelte sie, »eine Affäre? Wieso?«

»Ach, Mama. Du hast Papa und mir damals immer nur die Hälfte erzählt. Du warst die ganze Zeit mit Lassik zusammen, und deine Wut auf ihn war nur dein Alibi. Warum muss ich das jetzt noch wissen?«

Sie richtete sich leicht auf, damit ich die Kissen, die sich unter ihr türmten, richtete, und schwieg.

»Es tut mir leid, dass ich ihm geglaubt habe«, sagte sie dann, »darum geht es! Aber eine Affäre? Nein. Weißt du überhaupt noch, wie er aussah? Er war so groß wie ein Kind, hatte ein dickes altes Amor-Gesicht und stank nach dem sowjetischen Aftershave, das ihm noch jahrelang eins von seinen Flittchen aus Odessa geschickt hat.«

»Also gut, Mama«, sagte ich wieder ruhiger, »was hast du Lassik geglaubt?«

Ich streckte die Hand aus, um endlich ihre Hand

zu nehmen, zog sie aber schnell wieder zurück und versuchte allein gegen die über mir wild tanzenden melancholischen Dämonen von Jaakow Gaikowitsch Katschmorian anzukommen.

»Dass dein Vater an allem schuld war! Ja, das hat er mir wirklich einmal genauso ins Gesicht gesagt, und danach ging es mir sogar kurz besser. Er hat gesagt, dass ich mich nur wegen Papa und seinem idiotischen jüdischen Stolz damals auf dem Weg von Bolschoi Fontan in die Stadt in unserem geliebten roten Schiguli vergiftet habe. Dass ich eines Tages sehr krank sein werde. Und dass ich daran sterbe!«

»Was für ein Idiot.«

»Ja.«

»Und wann hat er das zu dir gesagt?«

»Als ich das allerletzte Mal mit euch bei ihm war. Als dein Vater mir das Glas Wasser ins Gesicht gekippt hat und damit recht hatte. Als er, sein ältester und falschester Freund, mich hinterher im Zimmer nebenan angeblich nur trösten wollte.«

Ich erinnerte mich sofort wieder an Lassiks schönes, stilles Arbeitszimmer, das zum ruhigen Heyneweg rausging, an die hohen Bücherregale an jeder Wand, an den viel zu hohen Schreibtisch, an dem der kleine Mann immer hinter seiner uralten Remington saß, wenn ich ihn ab und zu allein besuchte und er mit mir wie mit einem Erwachsenen redete, wenn er mich fragte, ob ich schon Golo Manns Wallenstein-Biografie gelesen hätte und wann ich ihm endlich etwas von mir selbst zu lesen geben würde. Vielleicht schreibe ich ja heute nur wegen ihm, dachte ich, und dann sagte ich wütend: »Und das alles hast du ihm wirklich geglaubt?«

»Warum nicht? Er hat ja auch gesagt, dass Papa selbst weiß, was er mit seinem zionistischen Irrsinn angerichtet hat. Und dass er sich dafür unendlich schämt und mich genau deshalb auch noch verlassen wird. Und was ist später passiert?!«

Ich atmete tief ein und aus, dann noch mal und noch mal, aber die Dämonen über mir verschwanden einfach nicht.

Mama drehte den Kopf von mir weg und sagte: »Ich bin müde.«

Ja, ich auch, wollte ich am liebsten antworten. Stattdessen fragte ich sie aber noch, was damals eigentlich in Bremen los war, nach der 3-nach-9-Sendung, im Hotel, als sie in der Nacht mit Lassik zusammen war.

»Daran kannst du dich erinnern?«, sagte sie.

Ich nickte.

»Nichts«, sagte sie, »wir haben Wein getrunken und darüber geredet, dass jeder Tag im Leben anders ist, als man es erwartet hat.«

»Das glaube ich dir nicht, Mama.«

Danach legte ich die Hand neben sie auf ihre Decke, und während sie anfing, meinen Handrücken mit ihren leicht angeschwollenen, perfekt manikürten Fingern zu streicheln, dachte ich, ich will weg von hier, schnell, sofort, ich muss nach Berlin zurück und weiterarbeiten.

Als ich jetzt auf der anderen Seite der Kantstraße Ulrich sah, wollte ich gerade den Kellner rufen, einen großen, dünnen Chinesen mit einem hellbraunen Kasachen- oder Kirgisengesicht. Ulrich stand an der Ampel und hatte wie immer seine grüne Armeejacke an, weiße Turnschuhe, Jeans. Er sah mich sofort auch. Er winkte, ich winkte zurück, und zwei Minuten später saß er im Good Friends neben mir, und statt zu zahlen, bestellte ich für uns beide Tee – Jasmintee, wenn ich mich richtig erinnere.

Wir redeten dann ziemlich lange miteinander. Es ging wie immer viel um München und Berlin, später um den neuen Houellebecq, der eigentlich den Welt-Literaturpreis kriegen sollte, aber jemand im Verlag über Ulrich war dagegen. Irgendwann sagte er, ich müsste die Biografie von Simon Wiesenthal schreiben, worauf ich sagte, aber nur, wenn er ein Buch über Martin Bormann schreibt, und wir fragten uns zusammen, warum sich politische Menschen in Deutschland immer irrten.

Ich zwang mich die ganze Zeit, so freundlich wie möglich zu Ulrich zu sein und ihn nicht zu verletzen, was ich sonst so gern machte, weil er mir immer alles verzieh, keine Ahnung, wieso. Darum sagte ich ihm zuerst auch nicht, dass ich versucht hatte, die Rede für ihn zu schreiben, aber dass es nicht ging – dass es einfach nicht ging! –, weil ich dabei keine einzige Sekunde an fünfundzwanzigtausend verbrannte Juden gedacht hatte oder an die großzügigen Springer-Leute und ihre Juden-Kaaba, sondern immer nur an Lassik, der unsere Familie zerstört hatte.

Wieso Lassik, wieso nicht mein Vater?, dachte ich plötzlich, während Ulrich in die kleinen weißblauen Schälchen vor uns die letzten kalten Reste vom Jasmintee tropfen ließ. Was für eine Frage, das war doch klar! Papa war nicht etwa deshalb weggegangen, weil er sich wegen Bolschoi Fontan und dem Rattengift des KGB und allem anderen schuldig fühlte. Sondern weil Mama, vom kleinen, geilen Lassik angestiftet, seit seiner kleinen Arbeitszimmer-Hetzrede gegen Papa angefangen hatte, Papa zu hassen. Darum – nur darum – hielt er es irgendwann in der Bieberstraße nicht mehr aus und verschwand. Genau!

»Es ging nicht«, sagte ich plötzlich doch noch zu Ulrich, »ich hab's wirklich versucht.«

»Und ich hab mir das schon gedacht!« Er lachte laut. »Wir haben Leon de Winter gefragt. Er macht's.«

»Leon de Winter?«

Jetzt lachte ich, böse und traurig, und ich hörte mich dabei selbst. »Warum nicht Spielberg oder Polanski?«, sagte ich.

Er sah mich erschrocken an.

»Zahlt ihr diesem pathetischen Fettsack etwa mehr, als ihr mir gezahlt hättet?«

Ulrichs schönes großes Nibelungengesicht mit den schwarzen Augen und den scharf ausrasierten, blonden Koteletten verdüsterte sich das erste Mal, aber dann lachte er noch lauter als ich. »Wir nehmen die

Sache ernst«, sagte er, »es gibt schon genug Leute, die etwas gegen euch haben.«

»Euch?«

»Euch Juden«, sagte er völlig unbeschwert.

Zum Glück tauchte gleichzeitig der große, dünne Kellner vor unserem Tisch auf und legte mir ein kleines braunes Mäppchen mit der Rechnung hin. Ich schob ein paar Scheine rein, stand auf und gab Ulrich die Hand. Ich fand, wir müssen ohne Streit auseinandergehen, aber ich wusste nicht, wie.

Plötzlich hatte ich eine Idee. »Ich wäre gern endlich mal nach Hause gefahren«, sagte ich, »aber es ist immer noch viel zu früh dafür.«

»I feel you«, sagte Ulrich, »ich bin auch nicht mehr gern in Regensburg.«

30.

Einige Jahre, nachdem David von Ela weggegangen war, sah Ela ihren Mann von Weitem mit seiner neuen deutschen Frau am Neuen Wall. Ja, es musste die Neue sein – oder war es schon wieder eine andere? Sie war klein, blond, machte kleine, schnelle Schritte, das laute Klappern ihrer hohen Absätze hallte durch die Straße, die vormittags um elf noch sehr leer war. Es gab kaum Passanten. Nur hier und dort stand am Straßenrand ein Lieferwagen. In den Hauseingängen rauchten die Menschen aus den Läden und Büros der Innenstadt die erste Zigarette des Tages.

David und seine Neue gingen langsam in Richtung Jungfernstieg, und die Neue musste natürlich an jedem zweiten Schaufenster stehen bleiben. Ela, die heute nichts zu tun hatte – so wie an den meisten anderen Tagen, seit ihr Buch erschienen war –, blieb auch immer stehen und wartete, bis die beiden weitergingen. Vor dem Schaufenster von Tiffany's hielten sie besonders lange an. Plötzlich drückte die Neue wie ein Kind das Gesicht gegen das Glas, David lachte und versuchte, sie wegzuziehen. Erst nachdem sie laut gerufen hatte: »Zu Weihnachten, okay?« und er, als würde er kapitulieren, stumm genickt hatte, gingen sie weiter.

Ela war an diesem Tag, wie beinah immer seit der Scheidung, sehr früh aufgewacht, kurz vor sechs. Sie hatte zuerst lange im Dunkeln im Bett gelegen und an alles Mögliche gedacht: An Papas Grab auf dem Westfriedhof in Odessa, von dem sie nur ein kleines, zerknittertes Foto hatte. An ihre grauweißen Haare, die sie alle drei, vier Wochen von ihrem türkischen Friseur am Hallerplatz schwarz färben ließ, obwohl sie nicht wusste, für wen. An die heutige Verabredung mit dem Klavierstimmer, der einmal im Jahr wegen Saschas Klavier kam, damit ihr trauriger, egoistischer Sohn darauf spielen konnte, wenn er sie endlich mal wieder besuchte.

An ihr zweites Buch dachte Ela an diesem Morgen auch, obwohl sie diesen Gedanken nicht mochte, denn sie wusste, dass sie nicht mehr viel Zeit hatte, es zu schreiben. Um den Gedanken zu vertreiben, stand sie endlich auf, froh, dass es draußen bereits hell war und ein kristallklarer Himmel einen angenehmen Herbsttag ankündigte, obwohl so etwas in diesem verfluchten Hamburg nie wirklich sicher war. Sie zog ihren schweren, rosafarbenen Frottee-Morgenmantel an und holte das Hamburger Abendblatt, das wie jeden Morgen vor der Wohnungstür lag – auf der Fußmatte, über die ihr Mann David früher so oft gegangen war. Danach frühstückte sie lange und las dabei ihre Lieblingszeitung von der ersten bis zur letzten Seite. Eigentlich wollte sie heute endlich wieder ein bisschen arbeiten. Aber nachdem sie ein paar Patiencen gelegt und jedes Mal verloren hatte, ging sie kurz ins Bad, zog sich schnell an und brach zu einem ihrer vielen endlosen Spaziergänge auf, mit denen sie ihre Zeit totschlug.

Als David und seine Neue vor dem Schaufenster der Buchhandlung Felix Jud stehen blieben, erschrak Ela kurz. Sie vergaß, selbst stehen zu bleiben, doch die beiden bemerkten sie zum Glück nicht. Ela bog schnell nach rechts in die kleine Passage ein, die zu den Alsterarkaden führte, und versteckte sich im nächsten Hauseingang. Sie atmete schwer, wie so oft in der letzten Zeit, wenn sie sich auch nur ein wenig überanstrengte oder aufregte, doch das ging meistens schnell wieder vorbei. Diesmal dauerte es länger.

»Guck mal, Schatz, da ist das Buch deiner Ex-Frau«, hörte sie plötzlich Davids Neue sagen, »wie schön es gemacht ist! Und wie schön sie darauf aussieht! Weißt du, wie alt sie war, als das Foto gemacht wurde?«

»Mitte dreißig«, sagte David, »vielleicht auch jünger. Ja, es muss früher gewesen sein, das war noch in Odessa.«

Seine feste, klare Stimme, die Ela an ihm am meisten mochte, klang wie immer, aber sein Deutsch war anders als früher, besser, selbstbewusster. Nur seinen scharfen russischen Akzent würde er vermutlich nie mehr wegkriegen.

»Hast du es gelesen?«, fragte ihn seine neue Frau neugierig.

»Nein«, sagte er leise. Und dann schnell: »Doch, ich hab's gelesen – aber sie weiß es nicht.«

Hurensohn, dachte Ela, als sie das hörte, Kindskopf! Sie lebten doch nicht im Krieg miteinander, sie hatten einen Sohn zusammen, Gott hatte nicht umsonst gewollt, dass sie fast dreißig Jahre im selben Bett schliefen! Plötzlich spürte sie Druck in der Brust, die Beine waren wie aus Watte oder Gummi oder beides. Sie drückte ihren Rücken fest gegen die kalte Glastür, an der sie stand. Damit sie nicht abrutschte, hielt sie sich mit einer Hand am Türgriff fest. Warum hat er sie nicht wenigstens einmal kurz angerufen, um ihr zu sagen, wie er ihr Buch fand? Weil er es nicht mochte? Weil er sie auch sonst nie anrief? Nein, nein, es hat ihm gefallen, bestimmt, es gefiel doch jedem, sogar Sascha, dem sonst fast nichts gefiel, ihren Nachbarinnen, den Kellnern und Gästen aus dem Café am Grindelhof, wo sie so oft war, nur leider fiel ihr gerade nicht ein, wie es hieß. Die Kritiker mochten es auch sehr. Und ihre Lektorin fragte sie ständig, wann das zweite Buch kommt. Darum konnte sie überhaupt nicht verstehen, warum David sich jetzt so anstellte.

Ela presste nun den ganzen Körper gegen die Tür. Als sie merkte, dass ihr Atem vor Aufregung immer schneller ging und immer lauter wurde, hielt sie kurz die Luft an, damit die beiden sie nicht hörten.

»Sie würde sich bestimmt freuen, wenn sie wüsste, dass du ihr Buch gelesen hast«, sagte Davids Neue. »Es geht dort doch bestimmt viel um euch.«

»Kennst du den kleinen alten Kompass, der auf meinem Schreibtisch liegt?«

»Ja, klar. Damit spiele ich doch immer, wenn du mir den Quatsch vorliest, den du an die Zeitungen wegen Israel schreibst.«

»Den hat mir Ela damals zur Hochzeit geschenkt. Er war von ihrem Großvater, der ihn im Krieg von einem Deutschen bekommen hat. Aber sie schreibt, ich hätte den Kompass bei der Scheidung einfach mitgenommen. Darum hätte sie seitdem nur noch Pech. Und so ist das ganze Buch: Alles stimmt immer nur ein bisschen. Oder halb. Oder gar nicht.«

Ela schlug wütend mit ihrer freien Hand gegen die Hausmauer neben sich, mit der anderen klammerte sie sich noch fester an die kalte Türklinke. Für einen Moment überlegte sie, ob sie aus ihrem Versteck rauskommen sollte, um David und seiner Neuen ins Gesicht zu sagen, wie es wirklich war. Aber wen interessierte überhaupt seine kleine Kompasslüge? Und was hieß hier »wahr oder nicht wahr«? Als ob es darum jemals im Leben und auch sonst gegangen wäre! Nein, er war einfach nur neidisch auf ihren Erfolg. Während sie, wenigstens eine Zeitlang, fast jeden Tag etwas über sich in der Zeitung lesen konnte, war er bestimmt immer noch der kleine Hausjude von diesem ständig betrunkenen Deutschen, der ihn seit Jahren durch den Osten scheuchte wie früher seine SS-Truppen. Armer David. Wenn sein geliebter Theodor Herzl das wüsste!

»Findest du sie schöner als mich?«

»Lass uns gehen.«

»Warte, ich will noch ihr Buch kaufen. Ich will es meiner Mutter schenken. Sie mag russische Literatur.«

»Nächstes Mal. Nächstes Mal, bitte!«

David hustete leise und verschluckte sich. Während er nach Luft rang, erinnerte sich Ela wütend daran, was er früher immer zu ihr gesagt hatte, wenn sie vom Einkaufen oder von einem ihrer vielen Besuche bei seinem ältesten, aber leider sehr verdorbenen Schriftsteller-Freund nach Hause kamen und Ela noch ein bisschen im Auto sitzen bleiben wollte, um zu schreiben. Werd erwachsen, Ela, hat David zu ihr gesagt, nur Genies sollten Schriftsteller sein, und dass du keins bist, weißt du selbst.

»Ist sie schöner als ich oder nicht?«, sagte die Neue noch mal.

»Bitte, Conny.«

»Ja oder nein?«

Ela streckte den Kopf leicht vor und guckte durch den engen Passagengang zur Straße und zum Eingang der Buchhandlung. Sie hörte David und seine neue Frau immer noch miteinander sprechen, aber sie sah sie nicht. Als sie den Blick hob, entdeckte sie über den Häusern auf der anderen Straßenseite einen vollkommen wolkenlosen, siphonblauen Himmel, noch schöner, noch strahlender als vorhin. Plötzlich begann sie an der Glastür entlang nach unten zu rutschen, bis sie mit einem dumpfen Knall zu Boden fiel. Der Kopf schlug zuerst auf, was sehr traurig und hohl klang.

»Hast du das gehört?«, sagte Davids neue Frau.

»Lass uns endlich weitergehen«, sagte David, »mir wird kalt.«

»Du hast wirklich nichts gehört?«

»Wahrscheinlich ist irgendwo eine Tür zugefallen. Oder ein Obdachloser ist über seine eigenen Beine gestolpert.«

31.

Vor ein paar Wochen hat mich F. gefragt, wann wir endlich heiraten werden.

»Nie«, sagte ich, »ich will nicht so enden wie meine Eltern. Nicht wie meine Mutter.«

Ich holte gerade das saubere Geschirr aus der Maschine raus. Als mir ein Teller aus der Hand rutschte und auf dem steinernen Küchenboden kaputt ging, sprang F. zur Seite und rief: »Okay, ich fahre!«

»Nein«, sagte ich, »bitte nicht.«

Sie bückte sich und fing an, mit mir die Scherben aufzuheben. Unsere Köpfe berührten sich, sie lachte, aber wir küssten uns nicht. Später lagen wir im Bett, Rücken an Rücken, und lasen lange, ohne zu sprechen. Als wir im Dunkeln miteinander schliefen, war es völlig still. Hinterher wollte ich ihr eigentlich sagen, sie solle lieber noch einmal schnell auf die Toilette gehen, damit sie nicht krank wird, aber ich traute mich nicht und schlief ein.

Am nächsten Morgen machte ich die Augen auf, als F. schon wach war. Sie lag auf der Seite, den Kopf in die Hand gestützt, und beobachtete mich. Ihre glatten braunen Haare verdeckten einen Teil ihres Gesichts, die schmalen Augen waren vom Schlaf noch schmaler. Ich dachte, sie ist schön, aber so wie sie sahen früher in Deutschland Fotomodelle oder Terroristinnen aus. »Ich tu dir doch nichts, du Angsthase«, sagte sie mit ihrer erstaunlich hohen, mädchenhaften Stimme, und dabei schob sie die freie Hand betont langsam unter ihre Decke, »das verspreche ich dir.«

F. – sie war früher bei Suhrkamp, jetzt machte sie alles Mögliche bei der Werbeagentur Leo Burnett – kam schon seit mehr als drei Jahren an jedem zweiten oder dritten Wochenende nach Berlin. Ich war fast nie bei ihr in Frankfurt, obwohl sie eine sehr große, angenehme, vielleicht etwas zu dunkle Wohnung in der Eppsteiner Straße hatte. Die Wohnung war in einem weißen Jugendstilhaus, nur ein paar Minuten vom Grüneburgpark entfernt. Es gab einen langen dunklen Flur, von dem alle Zimmer abgingen, und vom Küchenfenster aus konnte man in die gegenüberliegenden Fenster einer jungen Nachbarin sehen, die sich ständig an- und auszog und dabei nie die Gardinen zumachte. Wahrscheinlich war ich darum nicht gern bei F. in der Eppsteiner Straße – vor allem nicht seit dem Tod meiner Mutter –, weil mich so vieles an ihrer Wohnung an die Bieberstraße erinnerte. Aber wenn ich das F. sagte, sagte sie: »Das glaube ich nicht. Du willst doch immer nur zu Hause sitzen und arbeiten. Und ich soll weit weg sein.«

Meine Mutter hatte F. nicht gemocht, aber so war es immer, wenn ich eine neue Frau traf. Sie hat sie nur zwei- oder dreimal gesehen und war auf diese giftige Art freundlich zu ihr, die ich sonst nur aus alten Filmen von Schauspielerinnen wie Betty Davis oder Jane Russell kannte. Ich dachte dann jedes Mal, dass sie früher auch so hübsch war wie F., aber gleichzeitig dachte ich, jeder Sohn denkt, seine Mutter sei einmal eine atemberaubende Schönheit gewesen. Jedenfalls redete sie mit F. immer ein bisschen wie mit Untertiteln, die nur für mich bestimmt waren. Die einfachen Gemeinheiten, die sie auf diese Weise aussprach, waren leicht zu durchschauen. »Was für eine schöne neue Frisur, F.!« hieß natürlich: »Du bist nicht schön genug für meinen Sohn, du trübe Pastorentochter, das wirst du auch nie sein!« Und wenn sie die Frau, die mich schon so lange heiraten wollte, herzlich einlud, sie bald wieder mit mir in Hamburg zu besuchen, war das eine klare Bitte, nie wieder zu kommen. Es konnte aber auch komplizierter werden. Wenn Mama mit F. lange und sehr ernsthaft darüber redete, warum sie bei Suhrkamp aufgehört hatte, wenn sie sie nach den Schriftstellern fragte, mit denen F. dort zu tun gehabt hatte, und von ihr wissen wollte, ob sie keine Lektorin mehr sein wollte, weil sie keine Geduld für deren Launen hatte, was sie natürlich sehr gut verstehe – dann hieß es nichts anderes als: »Mischa braucht keine egoistische Kuh wie dich, die ihn später fünfmal am Tag anrufen und fragen wird, wann er endlich mit ihr in den Urlaub fährt. Und die eifersüchtig ist auf die Gedanken, die er ohne sie hat und die nichts mit ihr zu tun haben!«

Ich dachte lange, es wäre vor allem die Angst um meine Arbeit, was meine Mutter gegen F. aufgebracht hatte – bis wir uns einmal länger am Telefon über ein Buch von Philip Roth unterhalten haben, das sie gerade auf Russisch las. Wenigstens versuchte sie es. Ich glaube, es war *Gegenleben,* aber sicher bin ich nicht. Es ging um einen Zahnarzt in New Jersey, der mit einer Herz-OP sein Leben riskierte, damit er keine Betablocker nehmen musste und wieder einen Ständer bekam, aber er starb.

»Ich verstehe nicht, warum dein Philip Roth so berühmt ist«, sagte sie irgendwann aufgebracht, »es ist so unappetitlich, was er über Männer und Frauen schreibt!«

»Er ist nicht mein Philip Roth.«

»Doch.«

»Meinst du die Sexszenen?«

»Ja, genau. Kannst du dir Doktor Schiwago dabei vorstellen, wie er zu Lara sagt, dass er sie besteigen will?«

Ich lachte und sagte: »Nein. Du hast recht.«

»Wenn du in deinen Büchern so wie Roth weitermachst«, sagte sie, »wirst du nie ein Pasternak.«

»Ja, das stimmt«, sagte ich, denn sie hatte schon wieder recht.

Sie sagte: »Warte mal kurz«, und ich hörte genau, wie sie, mit dem Hörer in der Hand, auf die Toilette ging. Sie spülte sogar, und als sie, immer noch am Telefon, wieder im Wohnzimmer auf dem Sofa lag, sagte sie: »Warum hat dir deine deutsche Freundin nicht verboten, dass du so über sie schreibst? Was ist los mit ihr? Ist sie auch so eine Exhibitionistin wie du?« Und bevor ich antworten konnte, blaffte sie mich an: »Sag mal, macht ihr das alles wirklich im Bett?« Jetzt begriff ich, warum Mama sie in Wahrheit nicht mochte, und ich fragte mich, ob sie nicht damit sogar recht hatte.

F. wusste, dass sie in unserer kleinen Mutter-und-Sohn-Familie nicht willkommen war, aber sie gab mir keine Schuld. Sie wartete einfach nur, bis Mama sterben würde, so kam es mir immer vor. Aber wie klug war das von ihr? An dem Morgen, an dem sie mich beim Schlafen beobachtet und es sich später auch noch selbst gemacht hatte, ohne den Blick von mir abzuwenden, gingen wir hinterher ins Café Einstein an der Ecke Schlüterstraße und Ku'damm zum Frühstück.

Es war ein klarer Sommertag ohne Wind und Smog, sehr ungewöhnlich für Berlin. Kaum hatten wir uns draußen hingesetzt, hörten wir vom Ku'damm einen lauten, schrecklichen Knall. Es klang so, als würde Metall und Plastik gleichzeitig zerbersten und sich mit einem qualvollen Knirschen langsam ineinander verkeilen. Danach herrschte kurz absolute Stille über der großen Kreuzung, dann gab es den gleichen Knall noch mal und dann noch einen. Gleichzeitig sprangen die Leute im Café auf – wir auch – und sahen, dass vorne auf dem Ku'damm ein paar große schwarze SUVs, alle mit weißen Hochzeitskokarden, Blumen und bunten Girlanden geschmückt, zusammengekracht waren. Aus einem der Wagen sprang die Braut raus. Ihr langer, weißer Schleier verfing sich in der Tür, sie schrie laut und weinte, und drei oder vier Männer mit kahlrasierten dunklen Köpfen und kurzen, exakt geschnittenen Bärten versuchten, sie zu beruhigen.

»Warum grinst du so?«, sagte F. zu mir, »ich seh genau, dass du grinst!«

Ich setzte mich wieder hin und versuchte, ernster zu schauen.

»Okay, jetzt fahre ich aber wirklich«, sagte sie, nachdem sie sich auch gesetzt hatte, »ich will nicht das ganze Wochenende mit einem Mann verlieren, der immer nur das macht, was seine Mutter will. Sogar, wenn sie tot ist.«

»Ich weiß nicht, ob du recht hast«, sagte ich, »wenn ja, wäre ich eine Karikatur.«

»Wusstest du, dass sie mich einmal heimlich gefragt hat, ob ich noch jemanden bei Suhrkamp kenne? Sie sagte, eine Freundin von ihr hätte ein fantastisches Manuskript – aber ich sollte dir nichts davon erzählen.«

»Jetzt hast du es ja doch gemacht!«

»Glaubst du, ich weiß nicht, wie falsch sie immer zu mir war?«

»Lass sie in Ruhe, bitte. So spricht man bei uns nicht über Menschen, die nicht mehr da sind.«

»Bei euch?«

»Ja. Bei uns.«

»Ach so«, sagte sie laut, theatralisch, wobei ihre Ironie nicht überlegen klang, sondern nur bitter, »jetzt verstehe ich alles! Auf Wiedersehen.«

Sie blieb trotzdem sitzen, und als wir später wegen der Sirenen der Kranken- und Polizeiwagen einander kaum hören konnten, schrie ich: »Wir könnten es in Odessa machen, wenn du willst! Ganz einfach und romantisch in einer der vielen kleinen Buchten, unten, am Meer. Und die Hochzeitsfotos machen wir hinterher wie alle anderen auf der Potemkinschen Treppe.«

F., die wegen mir sehr viel Babel gelesen hatte, lächelte wie ein Engel und schrie auch: »Nein, lieber in einem der Höfe der Moldowanka! Wie Benja Krik, der König, und Cilja, die Tochter von Sender Ejchbaum. Wir stellen im Hof eures alten Hauses einen so langen Tisch auf, dass er bis auf die Balkovskaja geht, und jeder Nachbar, der kommen will, kommt auch. Und vielleicht werden sogar Gäste da sein, die noch Jiddisch sprechen! Kein Problem.«

32.

Als Martha Neustadts Roman über den vergessenen Wunderheiler Bruno Gröning ein paar Monate nach dem Tod meiner Mutter bei Suhrkamp erschien, stand in fast jeder Zeitung etwas darüber. Auf ihren Pressefotos sah Martha zwanzig Jahre jünger aus, und ich war mir sicher, dass sie etwas mit ihrem Gesicht gemacht hatte. Die dünnen, blassen Lippen waren voll wie bei einer Hollywood-Schauspielerin, die Wangen hatten sich wie durch ein Wunder leicht nach oben geschoben, die Falten, die früher beim Reden wie Wellen auf ihrer Stirn schaukelten, waren praktisch verschwunden.

Bei Fernsehinterviews – verpasste ich eins, guckte ich es später in einer TV-Mediathek oder auf Youtube – versuchte Martha, ihren Stolz und vermutlich auch ihren Triumph über mich, ihren angeblichen Verhinderer, zu verstecken, indem sie so ernst und sachlich wie möglich über das Thema ihres Romans redete. Dabei spreizte sie aber eingebildet den Zeige- und Mittelfinger ihrer rechten Hand nach oben, als hielte sie zwischen ihnen eine imaginäre Zigarettenspitze mit einer unsichtbaren langen Zigarette, und machte immer wieder bedeutungsvoll »Hm-hm«. Oder sie schnappte, wie Hamburgerinnen es oft machen, plötzlich stumm und arrogant nach Luft.

»Ich habe in meinem Leben viel an Bruno Gröning gedacht. Aber ich habe mich lange nicht getraut, über ihn zu schreiben.« So antwortete Martha fast immer auf die erste Frage, die man ihr stellte, egal, wie sie eigentlich lautete. Dann erzählte sie, wie ihre jüdische Mutter, die nur deshalb ihre Mutter wurde, weil sie sich gegen ihren Nazi-Beschützer und -Vergewaltiger nicht wehren konnte, nach dem Krieg mindestens einmal im Monat aus dem Fenster springen wollte. Und wie sie eines Tages mal wieder in einer kleinen deutschen Provinzstadt auf dem Fensterbrett stand und auf dem Balkon des Hotels gegenüber einen großen Mann mit wallenden Haaren und einem riesigen Kropf stehen sah.

»Er war schön, aber er war noch irgendwas anderes«, sagte Martha an dieser Stelle des Gesprächs fast immer ein wenig verträumt, »das merkte meine Mutter sofort. Er hatte die Arme weit ausgebreitet – ›wie ein Engel die Flügel‹, sagte die Mami immer –, er seufzte, er verdrehte den Kopf, er sagte Sätze, die keinen Sinn machten. Die vielen Leute, die vor dem Hotel standen, in Rollstühlen saßen oder sich an ihre schäbigen Holzkrücken klammerten, verstanden ihn trotzdem. Plötzlich stand einer aus seinem Rollstuhl auf und ging langsam davon, während alle anderen applaudierten. Ein anderer warf seine Krücke weg, lief los, fiel aber nach wenigen Metern um. Der Nächste hielt ein paar Meter mehr durch. Und zwei krochen einfach nur weg und lächelten dabei glücklich. Und wissen Sie«, fuhr Martha jetzt noch verträumter, aber auch leicht angewidert fort, »was meine Mutter in diesem Moment gedacht hat? Ich will auch mal wieder lächeln, hat sie gedacht, so wie diese Nazis, denen der Schreck über ihren eigenen Krieg so tief in die Glieder gefahren ist! Eine halbe Stunde später klopfte sie, während ich allein in meinem Bettchen lag, im Hotel an der Tür des Mannes mit den wallenden Haaren. Und wieder eine halbe Stunde später vergewaltigte er sie noch brutaler als mein eigener Nazivater!«

Hier schwieg der Interviewer meistens. Bevor er sich fassen und ihr die nächste Frage stellen konnte, sagte sie: »Es gab immer wieder Menschen, die sich mir beim Schreiben dieser Geschichte in den Weg stellten. Männer, immer nur Männer. Mächtige Männer, die mich sonst immer so gierig anstarrten, als hätten sie mich schon bezahlt und könnten sich nehmen, was sie wollten!«

Nachdem Martha dieselbe Geschichte mal wieder fast wörtlich im Deutschlandfunk erzählt hatte, rief ich sie an.

»Es tut mir sehr leid«, sagte sie erschrocken, als sie meine Stimme hörte, »bitte, glaub mir das, Mischa!«

»Was tut dir leid?«

»Sie war für mich wie eine Mutter, wie die Mutter, die ich nicht hatte. Ich hatte Angst, ihren Sarg zu sehen. Darum war ich nicht bei der Beerdigung.«

Das war natürlich eine ziemlich unerwartete Eröffnung für unser Gespräch, tränenreich, aber ohne Tränen. Bevor ich etwas halbwegs Nüchternes, Klares antworten konnte, bevor ich ihr sagen konnte, dass es darum gar nicht ging und dass ich einfach nur keine Lust hatte, mich von ihr überall beleidigen lassen zu müssen, sagte sie: »Ich bin oft bei ihr in Ohlsdorf, wusstest du das? Ich lege jedes Mal ein Steinchen auf ihr Grab.«

»Ich bin in Hamburg«, sagte ich und wusste sofort, dass es ein Fehler war.

»Willst du sie auch besuchen?«

»Nein.«

Sie dachte kurz nach. »Das verstehe ich«, flüsterte sie verschwörerisch. »Hast du Angst? Sollen wir zusammen gehen?«

»Nein.«

»Bist du mir immer noch böse?«

»Böse ist das falsche Wort.« Wieder so ein unbedachter, viel zu freundlicher Satz von mir, dachte ich. »Sie konnte dich nicht ausstehen«, sagte ich darum ganz schnell, »sie hatte Angst vor dir. Sie sagte, du hast den bösen Blick.«

Danach sagten wir beide lange nichts.

»Sie war so ein besonderer Mensch«, sagte Martha schließlich, als hätte sie mich nicht gerade gehört, »sie war sanft, so sanft. Beim Backgammon dachte sie immer so lange nach wie andere beim Schach, und immer gab es bei ihr etwas zu essen, bis zum Schluss. Die armen Ukrainerinnen und Polinnen mussten in der Küche immer alles genauso machen, wie sie es ihnen sagte. Hast du das mal erlebt? Ich war einmal dabei, wie sie zusammen Borschtsch kochten. Die kleine alte Aljona saß im Morgenmantel aufrecht auf ihrem Stuhl, mit den zwei oder drei hohen grünen Samtkissen unter sich wie auch sonst, und gab so streng wie ein Offizier ihre Anweisungen. ›Die Rote Beete mit der Hand reiben, Olga! Das Fleisch erst ganz zum Schluss klein schneiden, Malgorzata! Nie selbst probieren, Alla, das hab ich dir doch schon tausendmal gesagt!‹«

Während Martha, die böse, verlogene, arme, traurige, hinterhältige Martha, immer weiter redete, während sie mir von den langen Fernsehabenden mit meiner Mutter erzählte, als sie zusammen alte russische Filme guckten und über Meyerhold, Michoels und die große Stummfilmheroin Natalja Rosenel redeten, deren Stimme Mama einmal im Leben gern gehört hätte, während sie davon schwärmte, was sie alles von Mama gelernt hätte – Schreiben ohne Wut und Verständnis für jeden Menschen, außer für sich selbst! –, stand ich langsam von dem viel zu großen, ungemachten Hotelbett auf, auf dem ich den ganzen Vormittag mit einem leichten Übelkeitsgefühl vor dem Fernseher gelegen und alle paar Sekunden auf einen anderen Sender geschaltet hatte. Dann ging ich, weil ich sonst nicht wusste, wohin, zum Fenster. Ich hatte diesmal im Vier Jahreszeiten eins von den besonders teuren Zimmern bekommen, obwohl ich es gar nicht reserviert hatte, aber ich fragte nicht, warum. Es ging nach vorn, zur Alster, und als ich jetzt rausguckte, auf das graue Wasser, die riesige, einsame Fontäne mitten im See, fing ich an zu weinen.

Ich kannte diese Fontäne, seit ich ein Kind war. Ich liebte es, wie sie im Frühling und Sommer in tausend Farben strahlte und im Winter mit dem grauen Hamburger Himmel verschmolz. Seltsam, dachte ich. Seit ich in München gelebt hatte, liebte ich doch auch den endlosen Blick über die ganze Ludwigstraße bis zur Siegeshalle. In Berlin liebte ich die hundertundeins chinesischen Geschäfte und Restaurants in der Kantstraße. In Tel Aviv vor allem den Geruch von Benzin, Abfall und Harissa in der Luft. Und in Odessa? Dort liebte ich am meisten das alte Puschkindenkmal vor dem Gebäude des Stadtrats, unter dessen Füßen ich als Kind oft stundenlang allein sitzen und lesen durfte, während meine Eltern auf dem Markt einkauften oder mit ihren Freunden in der Gambrinus Bar tranken.

Und was hieß das alles jetzt, fragte ich mich, während ich gleichzeitig ganz genau darauf achtete, wie mir die Tränen langsam über die Wangen und übers Kinn flossen und mich am Hals kitzelten. War ich überall zuhause – oder nirgendwo? Und was wäre aus mir und Mama geworden, wenn wir nie weggegangen wären? Hätte auch nur einer von uns ein Buch geschrieben und veröffentlicht?

Martha redete immer noch. Es ging gerade darum, wie dankbar sie meiner Mutter war, dass sie ihr Buch zu Suhrkamp geschickt hatte und dass sie ohne sie nie die Kraft gefunden hätte, weiter für den Wiederaufbau der alten Portugiesischen Synagoge am Bornplatz zu kämpfen. Dann hörte Martha plötzlich auf zu reden und fragte mich, wo ich eigentlich gerade sei und ob sie kommen solle.

»Nein«, sagte ich, und ich weinte – leiser zwar – immer weiter.

»Armer Mischa«, sagte sie, »wo bist du?«

»Im Vier Jahreszeiten.«

»Und ich soll wirklich nicht kommen?«

»Nein.«

»Ich wollte doch immer nur deine Schwester sein«, flüsterte sie wieder und legte auf.

Am nächsten Tag – ich war vorher bei Hoffmann & Campe in der Heine-Villa gewesen und arbeitete ein paar Stunden mit einer jungen Lektorin, die nicht wusste, was die Ärzteprozesse waren, Hemingway verachtete und einen Nasenring trug – fuhr ich zu Mama nach Ohlsdorf raus.

Ich wusste nicht mehr genau, wo sie lag, aber ich wollte auch nicht den kleinen bärtigen Mann von der Chewra Kaddischa fragen, der vorne am Eingang im Büro saß und auf seinem riesigen Samsung-Telefon etwas spielte. Ich fand, so etwas so schnell nach der Beerdigung nicht zu wissen, gehörte sich nicht. Ich sagte ihm nur meinen Namen und den Namen meiner Mutter, er blickte kurz auf, nickte, antwortete etwas auf Hebräisch, das ich nicht verstand, und guckte wieder auf sein Telefon. Also nickte ich auch, wünschte ihm einen schönen Tag und ging schnell weiter.

Links und rechts von seinem kleinen Häuschen, das die gleiche dunkelrote Klinkerfassade wie das Haus meines Vaters in Othmarschen hatte, liefen parallel mehrere Gänge, alle gesäumt von hohen, alten Bäumen, durch deren dichte Kronen fast kein Sonnenstrahl kam. Wenn doch, erschien kurz ein schönes zartes Lichtspiel auf einem der Grabsteine entlang des Wegs und verschwand so schnell wie ein seltener guter Geist. Irgendwo in der Nähe hörte ich das zähe Scharren und Brummen eines Baggers und dachte grinsend, das Sterben wird also nie aufhören. Und weil es vorher geregnet hatte, waren überall Pfützen, die ich zuerst wie Gene Kelly lächelnd umtanzte – aber bald hatte ich keine Lust mehr und ging einfach geradeaus weiter und trat immer wieder absichtlich in eine rein, mit dem ernsten Gesichtsausdruck eines beleidigten Kindes.

Ich hatte mich für den Gang ganz rechts entschieden, wo gleich am Anfang eine große graue Schiefertafel mit den Namen der im Krieg umgebrachten Hamburger Juden stand. An dieser Stelle waren wir – Dr. Felosof, Mohammeds Sohn Hossni, Marthas Mann Erik, ein junger Rabbiner, der kein Wort Deutsch konnte, und noch ein paar alte deutsche Freunde meiner Eltern, mit denen ich nie etwas zu tun hatte – vor fünf Monaten mit Mama vorbeigekommen, da war ich mir plötzlich ziemlich sicher.

Hier lag auch irgendwo der arme, verratene Lassik, und als ich nach ein paar Hundert Metern auf der linken Seite eine schöne, sonnenbeschienene Wiese sah, die von allen Seiten durch halbhohe, zartrosa blühende Rhododendronbüsche vom Rest des Friedhofs getrennt war, wusste ich, dass das der richtige Platz war. Ich blieb stehen und überlegte, ob ich wirklich weitergehen sollte, als ich plötzlich von Weitem die kleine, drahtige Gestalt meines Vaters erkannte.

Ja, das musste er sein. Er hatte einen hellen Trenchcoat an – wahrscheinlich einen Burberry –, er trug eine neue Brille mit einem dünnen goldenen Gestell und entfernte sich mit seinem typischen schnellen, leicht hüpfenden Gang von der Stelle, wo Mama lag. Als ihm die schwarze Papierkippa, die er am Eingang bekommen hatte, vom glattrasierten Kopf rutschte, beugte er sich so geschmeidig wie ein Zwanzigjähriger nach unten, und während er sich noch schneller wieder aufrichtete, drehte er sich auf einmal um. Als er mich sah, zuckte er nur kurz mit den Schultern, dann wandte er sich ab und ging schnell weiter. Dasselbe hat er doch schon mal gemacht, dachte ich, vor vielen Jahren, als ich einmal in Tel Aviv im Café Mersand saß und er zufällig mit seiner Nazihure vorbeiging und mich einfach ignorierte. Wirklich, ein sehr seltsamer Mann, dieser Gena Grigorjewitsch Grinbaum, ich hoffe, ich werde nicht irgendwann so wie er!

Im Zug nach Berlin, mit dem ich am nächsten Morgen zurückfuhr, gab es wie immer ein paar Zeitungen umsonst, sie steckten in mehreren Seitenregalen gleich am Eingang der ersten Klasse. Ich wollte eigentlich nicht lesen, aber dann sah ich auf der ersten Seite des Hamburger Abendblattes ein Foto des leeren Bornplatzes, so karg und schwarz wie immer. »Hamburger Bürger wollen ihre Synagoge zurück«, stand daneben.

Also, wenn man mich fragt, dachte ich, während ich mich setzte und die Zeitung ungelesen auf den Sitz neben mir legte, ich will gar nichts mehr. Dann wartete ich darauf, dass die nächsten Tränen dieser endlosen Tage meinen Hals kitzelten.

33.

Als ich das allerletzte Mal bei meiner Mutter war, blieb ich nur einen halben Tag, von mittags bis abends um acht. Ich wollte wegen meines neuen Buchs zuerst gar nicht fahren und vorher ein angefangenes Kapitel zu Ende schreiben. Aber dann rief mich meine Mutter morgens um acht das erste Mal in ihrem Leben auf Facetime an. Während Marina, ihre letzte Ukrainerin, ihr das Telefon ganz nah vors müde, graue Gesicht hielt, sagte sie: »Ich sterbe, Mischa.«

Mama war es nicht gewohnt, in eine Telefonkamera zu sprechen. Darum schwieg sie ein paar Sekunden und wartete darauf, was als Nächstes passieren würde. Weil ich nichts sagte, sagte sie zu Marina auf Russisch: »Kann er uns hören oder nur sehen?« Es raschelte, das Bild bewegte sich, und ich sah ganz kurz das niedrige dunkelbraune Bücherregal neben Mamas Bett, auf dem zwischen ihren Lieblingsbüchern von Achmatova, Mandelstam und Zwetajewa auch ein Stapel von *Der Kompass* lag, aber leider nicht ihr zweites Buch, das sie nicht mehr schreiben konnte. Daneben stand in einem kleinen alten Goldrahmen ein Schwarzweißfoto meines kecken armenischen Großvaters in seiner Rote-Armee-Uniform, und dann tauchte vor der Telefonkamera Marinas breites, freundliches Gesicht auf, die so geduldig und professionell lächelte, als erlebte sie eine solche Situation nicht zum ersten Mal. Es raschelte wieder, das Bild verrutschte noch mal, und ich blickte jetzt an die weiße Decke von Mamas Schlafzimmer, wobei ich erstaunt in einer Ecke zwei große Spinnweben entdeckte, die in einem unsichtbaren Windzug leicht schaukelten. Plötzlich guckte Mama wieder direkt ins Telefon und flüsterte: »Mischa, ich sterbe. Komm sofort. Du hast es versprochen!«

Wenige Stunden später saß ich neben Mama in der Bieberstraße auf ihrem Bett und verstand nicht, was geschah. Sie krümmte sich die meiste Zeit auf der Seite, sie hatte Schmerzen, die ich mir nicht vorstellen konnte. Sie richtete sich aber auch manchmal für ein paar Minuten auf und redete mit mir wie früher. Danach versank sie wieder in einen nicht besonders tiefen Schlaf und reagierte auf alles, was Marina und ich leise flüsternd zueinander sagten.

Als später ein junger Pfleger vom Eppendorfer Alten-Hospiz kam, um ihr neue Medikamente zu geben, lächelte Mama ihn plötzlich so listig und charmant an, wie sie immer fremde Menschen anlächelte, wenn sie von ihnen etwas wollte. Der Mann – er war Anfang dreißig, groß, ein wenig krumm und an beiden Unterarmen tätowiert – lächelte sofort zurück, und während sie mit ihrem freundlichen russischen Akzent zu ihm sagte: »Bitte, Herr Doktor, bringen Sie mich ganz langsam um, ich war eigentlich immer sehr gern hier«, schwieg er zuerst kurz erschrocken. Dann sagte er: »Ich bin leider kein Doktor, liebe Frau Grinbaum. Aber ich kümmere mich hoffentlich genauso gut um Sie.« Sie guckte todesmüde an ihm vorbei und flüsterte: »Warum studieren Sie nicht, junger Mann? Das ist nicht so schwer, das habe ich auch gemacht. Die Menschen achten Sie viel mehr, wenn Sie ein richtiger Arzt sind.« In diesem Moment wirkte offenbar das Morphium – oder was immer es war –, ihre Augen gingen zu und der Kopf fiel aufs Kissen zurück.

Als Mama ein, zwei Stunden darauf zu sich kam, wirkte sie wie ein Patient, der bald wieder gesund sein wird. Sie bat Marina, ihr Pfannkuchen mit Zucker zu machen – »Nur mit Zucker, hörst du«, rief sie ihr auf Russisch hinterher, »und nicht wie das letzte Mal mit deiner widerlichen ukrainischen Quittenmarmelade!« –, sie wollte allein auf die Toilette gehen und es sich danach selbst im Bett bequem machen. Dann nahm sie plötzlich meine Hand und sagte: »Kannst du dich eigentlich noch an die Cholera-Epidemie erinnern, kurz bevor wir weggefahren sind?«

»Was meinst du?«, sagte ich.

»In Odessa. Weißt du das wirklich nicht mehr?«

Ich schüttelte erstaunt den Kopf.

»Es sind damals fast zehntausend Leute gestorben, die Seuche kam aus Korea und Pakistan mit den großen Schiffen zu uns. Auf der Malaja Arnautskaja und in der Griechischen Straße liefen Menschen mit eingefallenen Augen und Wangen verzweifelt herum, sie hatten blaue Lippen und raue, klanglose Stimmen, darum verstand man sie kaum. Die Miliz hatte das Uniklinikum umstellt, die Schulen und Geschäfte waren zu, in der großen Markthalle lagen tagelang Tote, bevor man sie wegbrachte. Und vor allem war der Flughafen zu! Verstehst du? Der Flughafen! Aber wie sollten wir sonst rauskommen als mit dem Flugzeug?«

Sie fing an, heftig zu atmen, in ihrer Lunge rasselte es, als wäre dort ein Sack Steine. Dann sollte ich ihr das Teeglas geben, sie trank etwas, das Rasseln hörte auf, und sie sagte: »Und du weißt das alles wirklich nicht mehr?«

»Nein, Mama.«

»Du musstest die ganze Zeit in der Wohnung bleiben, während ich wie eine Verrückte immer wieder unsere Koffer neu packte und Papa mit Leuten telefonierte, die uns helfen sollten, aber gleich wieder auflegten.«

»War er so ruhig wie sonst?«, sagte ich plötzlich, keine Ahnung, warum.

»Nein, Mischenka«, sagte Mama, »ich habe ihn nie vorher und nie danach so verzweifelt gesehen.«

»Auch nicht, als ihr auf dem Weg von der Datscha fast in dem vergifteten Schiguli gestorben wärt?«

Sie seufzte, ihre großen blauen Augen mit den entzündeten Lidern gingen wie von selbst auf und zu, sie schüttelte den Kopf.

»Hast du gehofft, dass wir in Odessa bleiben müssen, Mama?«

»In diesem Moment? Um Gottes willen nein! Jede Sekunde hat gezählt. Jeder Schluck Wasser hätte für einen von uns tödlich sein können.«

»Und wie haben wir es geschafft?«

»Das kann ich dir genau sagen«, sagte sie, »darum erzähle ich dir das. Es lag nur an dir. Du hast gesehen, wie verzweifelt und durcheinander wir Erwachsenen waren, und dann hast du einmal beim Mittagessen plötzlich gesagt: ›Mama, Papa, seid nicht traurig. Wer immer nur traurig ist, ist immer nur unglücklich. Das hat mir neulich Djeduschka beigebracht.‹ Danach ging es ganz schnell, weil dein Vater sich endlich zusammengenommen hat und direkt zum Gorkom gegangen ist, wo er jemandem eine sehr große, wirkungsvolle Szene machte. Verstehst du, Mischa?«

»Ja, Mama«, sagte ich zu meiner sterbenden Mutter. Und obwohl sie kurz darauf wieder eingeschlafen war, saß ich noch lange stumm neben ihr.

Bevor ich am selben Abend wieder wegfuhr, ging ich in mein altes Zimmer, wo seit Jahren Mamas Pflegerinnen schliefen oder stundenlang mit ihren Verwandten in Kiew, Warschau und Tschernowitz telefonierten, und spielte leise ein bisschen auf meinem alten Klavier. Nach einer Weile stellte sich Marina in die Tür, sie hörte lächelnd zu und sagte plötzlich: »Sie spielen sehr schön, Mischa. Spielen Sie weiter. Ihre Mutter erzählt mir oft, wie gern sie es hat, wenn Sie Klavier spielen. Spielen Sie, solange sie Sie hören kann.«

34.

Neulich habe ich mal wieder fast einen halben Tag lang den Kompass von Jaakow Gaikowitsch Katschmorian gesucht – aber ich habe ihn natürlich nicht gefunden. Dafür steckte in der Kiste mit meinen alten Kameras, Disketten und vergessenen Festplatten ein kleines bräunliches Kuvert, in dem der Brief lag, den er mir kurz nach unserer Ausreise nach Hamburg geschickt hatte und der so lange zwischen den Papieren meiner Mutter verschwunden war. Es war nur ein sehr kurzer Brief – zum Glück getippt, sodass ich ihn lesen konnte –, und das meiste, was dort stand, überraschte mich nicht.

Mein Großvater schrieb, dass er mich liebte, dass er sicher sei, dass wir uns wiedersehen würden, dass ich ein ganz toller, ernsthafter Junge sei. Die letzten Sätze kamen aber wie aus einer anderen Welt zu mir. »Mischenka«, schrieb er mir, dem damals Elf- oder Zwölfjährigen, »du musst immer auf deine Mutter aufpassen, denn du bist stärker als sie. Deshalb verrate ich dir jetzt auch ein Geheimnis: Sie wollte immer Schriftstellerin sein, schon als kleines Mädchen, aber sie hat sich nie getraut. Ich glaube, deine Mama ist sehr talentiert. Wenn ich ihr Talent als Maler hätte, würden meine Bilder nicht nur im Keller der Kunstakademie und in eurem Wohnzimmer hängen. Aber du bist noch viel talentierter als sie und ich, das weiß ich genau, das würde sogar ein Kalmücke erkennen, der gerade von seinem eigenen Schnaps blind geworden ist. Und darum, *moj malysch*, lass dich nie von deinem langen, schweren Weg abbringen, den du selbst noch nicht kennst.«

Der Verlag Kiepenheuer & Witsch hat sich zu einer nachhaltigen Buchproduktion verpflichtet. Gemeinsam mit unseren Partnern und Lieferanten setzen wir uns für eine klimaneutrale Buchproduktion ein, die den Erwerb von Klimazertifikaten zur Kompensation des CO_2-Ausstoßes einschließt. Weitere Informationen finden Sie unter www.klimaneutralerverlag.de

FSC
www.fsc.org
MIX
Papier | Fördert gute Waldnutzung
FSC® C083411

1. Auflage 2023

Covergestaltung und -motiv Walter Schönauer
Gesetzt aus der Adobe Garamond und der Chaparral
Satz Buch-Werkstatt GmbH, Bad Aibling
Druck und Bindung CPI books GmbH, Leck

ISBN 978-3-462-00486-1

Maxim Biller
Sechs Koffer

Roman

Wer hat Schmil Grigorewitsch verraten? War es einer seiner schönen, talentierten Söhne? War es seine ehrgeizige, traurige Schwiegertochter? Oder war am Ende er selbst, der Schwarzhändler und gütige Familienpatriarch, daran schuld, dass er vom KGB verhaftet und zum Tode verurteilt wurde? Maxim Billers neuer Roman ist ein Krimi, ein psychologisches Familiendrama und ein literarisches Meisterstück, das den Leser mit der existenziellen Frage zurücklässt: Wie würde er selbst handeln, wenn er sein eigenes Leben retten müsste – als Held oder als Verräter?

»Dieser Roman ist ein kunstvoll geschliffener Edelstein. Immer wieder blitzt eine andere Facette auf, bricht ein anderer Schein hervor, eine neue geschliffene Seite. Eine Epoche ist darin eingeschlossen, die Härte einer Zeit, so rätselhaft klar. Großartig, nein, nicht artig, groß: Maxim Biller.«

Robert Menasse

Kiepenheuer & Witsch

Leseproben und mehr unter www.kiwi-verlag.de

Maxim Biller
Biografie
Roman

Auf der Flucht vor ihren kleinen Verbrechen und großen Lebenslügen landen der deutsch-jüdische Schriftsteller Soli Karubiner und sein bester Freund, der Millionärssohn Noah Forlani, in Buczacz – einem kleinen Ort in der Ukraine, aus dem ihre beiden Familien einst von den Nazis verjagt wurden. Bis sie dort ankommen, erleben sie das größte Abenteuer ihres Lebens, pikaresk, wild und komisch.

»Was für ein Buch! Ich bin voller Bewunderung für Maxim Billers Erzähltemperament. Das springt einen ja förmlich an. Ich gratuliere, ich kenne nichts Vergleichbares!«

Elfriede Jelinek

Kiepenheuer & Witsch